À la recherche
de Robert Proust

Du même auteur

Aux éditions Albin Michel

Le Jardin secret de Marcel Proust, album, 1994
Bestiaire insolite du Japon, album, 1997
Aurore et George, essai, 2004 (prix Médicis de l'essai)
La Passion Brando, 2008
Proust et l'Obscur, essai, 2010

Aux éditions Flammarion

Le Détail révélateur, roman, 1974, rééd. 2007
Le Paravent des Enfers, roman, 1976
L'Arbre de Jessé, roman, 1979
Ailleurs et Autrement, nouvelles, 1980
Duplicités, nouvelles, 1982 avec La Volière
(Folio n° 2799, 1995)
Le Ressouvenir, récit autobiographique, 1985,
prix Marcel Proust (« Folio » Gallimard n° 1996, 1988)
Edith Wharton, biographie, 2000, prix France-Amérique

Aux éditions Balland

La Volière, récit, 1979 (Folio n° 2799)

Aux éditions Gallimard

La Femme en pierre, essai autobiographique, 1989
L'Empereur Ming vous attend, roman, 1990
Dans la spirale, essai, 1996, prix Jacques-Chardonne
et prix du Pen-Club français (Folio n° 3955)

(suite en fin d'ouvrage)

Diane de Margerie

À la recherche de Robert Proust

Flammarion

ISBN : 978-2-0813-4216-3

À Jean Pavans
et René de Ceccatty,
en très fraternelle entente

« À mon petit frère, souvenir du temps perdu,
retrouvé pour un instant chaque fois
que nous sommes ensemble. »

Dédicace de l'édition originale
de *Du côté de chez Swann* (1913)
retrouvée chez Robert Proust.

« [...] il était tout mon passé ; ma jeunesse
était enfermée dans son individualité.

Hommage de Robert Proust à Marcel,
« Marcel Proust intime », *NRF*, 1923.

Marcel devient fils unique

Dès le début, ce qui attendait les frères Proust fut profondément différent. Non seulement l'hiver qui suivit la naissance de Marcel fut d'une rigueur exceptionnelle, mais la vie oscillait alors entre « l'insouciance et la terreur », entre les Prussiens, les Versaillais et la Commune. Le père, Adrien, grand médecin, est blessé par une balle perdue ; les fusillades éclatent sans cesse. On imagine l'état de Jeanne Proust, pétrie de peur, portant son premier enfant qui bouge en elle. Ce premier fils va naître marqué par une angoisse dont il ignore l'origine. Auteuil, où la famille Proust s'est crue « à l'abri », est pourtant la cible de sévères bombardements ; on mangeait du rat, du chien, du chat, de l'âne ; aussi la vie prénatale de Marcel rappelle une « existence de tranchées » et Marcel « faillit être mort-né » écrit Christian Péchenard dans *Proust et son père*[1].

Robert, lui, naîtra plus calmement, presque deux ans plus tard, dans la paix retrouvée. Pendant tout ce temps, néanmoins, Marcel était à Auteuil, quand

1. Christian Péchenard, *Proust et son père*, Quai Voltaire, 1993.

arriva le petit frère ; leur mère étant toujours en deuil d'un des siens à une époque où le deuil se porte indéfiniment. Elle meurt à cinquante-six ans et Péchenard suppute que si elle avait vécu vingt ans de plus, Marcel aurait traduit l'œuvre complète de Ruskin, au lieu d'écrire *La Recherche*, parce qu'elle savait l'anglais.

Non, Robert n'eut pas à souffrir des mêmes traumatismes, ce qui lui permettra sans doute, bien plus tard, de soigner les blessés sous les bombes et de montrer un courage exemplaire. On dit que, souvent, à les rencontrer, on prenait Marcel pour le cadet tant il arborait un air souffreteux et un besoin de protection, protection que Robert, lui, semble avoir trouvée chez son père Adrien dont il choisira la carrière.

Dans *Contre Sainte-Beuve (Conversation avec Maman)*[1], Marcel se souvient d'avoir été malade, fiévreux ; le médecin était venu mais sa mère n'avait tenu aucun compte de ses instructions. Elle n'avait montré aucune confiance en lui : « Maman, te rappelles-tu que tu m'as lu *La Petite Fadette* et *François le Champi* quand j'étais malade ? Tu avais fait venir le médecin. Il m'avait ordonné des médicaments pour couper la fièvre et permis de manger un peu. Tu ne dis pas un mot mais à ton silence je compris bien que tu l'écoutais par politesse et que tu avais déjà décidé dans ta tête que je ne prendrais aucun médicament... » Conversation qui, bien sûr, éloigne Marcel de la

1. Marcel Proust, *Contre Sainte-Beuve*, « Conversation avec Maman », *op. cit.*, p. 109.

médecine et se termine par quelques phrases révélatrices du refus que Marcel oppose à Robert, ici enfin *nommé* :

« Est-ce que tu vas sortir ? (demande-t-il à sa mère).

— Oui.

— Mais n'oublie pas de dire qu'on ne laisse entrer personne.

— Non, j'ai déjà posté Félicie ici.

— Peut-être ferais-tu bien de laisser un petit mot à Robert dans la crainte, s'il sait, qu'il n'entre directement chez moi. »

Horreur de cette idée ; d'être dérangé alors qu'on jouit de la « liberté » que confère la maladie – liberté de penser, d'écrire ; horreur de voir son monde mental vidé à travers une porte ouverte. De voir pénétré son monde secret. Ainsi Robert a-t-il le pouvoir de *déranger*. Ce sont là parmi les dernières allusions au frère cadet avant *La Recherche* où il disparaît tout à fait ; où Marcel sera délivré de tout lien fraternel. Il n'y aura pas, dans cette œuvre, d'autres enfants vivants.

Bien peu de textes réunissent Marcel et Robert, aussi faut-il relire *Contre Sainte-Beuve*[1] pour y retrouver le récit sur « Robert et le chevreau », où le cadet est souvent désigné par l'expression « mon petit frère ». Ce qui frappe dans ce récit, c'est l'ironique portrait que Marcel fait de Robert qui, ce jour-là, s'était fait coiffer à Évreux : « On lui avait frisé ses cheveux comme aux

1. *Ibid.*

enfants de concierge quand on les photographie, sa grosse figure était entourée d'un casque de cheveux noirs bouffants avec de grands nœuds plantés comme les papillons d'une infante de Vélasquez ; je l'avais regardé avec le sourire d'un enfant plus âgé pour un frère qu'il aime, sourire où l'on ne sait pas trop s'il y a plus d'admiration, de supériorité ironique ou de tendresse », écrit Marcel. On serait tenté d'opter pour une « ironique tendresse ».

Dans ce récit, le « petit frère » ne veut pas aller à la gare avec sa mère répondre à une invitation de Mme Z. ; il ne veut pas quitter son chevreau qu'il ne pourrait emmener. Les plaintes qu'il profère seront reprises plus tard, presque mot pour mot, par le narrateur dans *La Recherche* où l'animal sera remplacé par des aubépines : « "Ce n'est pas toi qui chercherais à me faire de la peine, à me séparer de ceux que j'aime", se plaint Robert au chevreau. "Toi, tu n'es pas une personne mais aussi tu n'es pas méchant", disait-il en jetant un regard de côté à Maman comme pour juger de l'effet de ses paroles et voir s'il n'avait pas dépassé le but, "toi, tu ne m'as jamais fait de peine", et il se mettait à sangloter. Mais arrivé à la voie ferrée, et m'ayant demandé de tenir un moment le chevreau, dans sa rage contre Maman il s'élança, s'assit sur la voie ferrée et nous regardant d'un air de défi, ne bougea plus[1] ».

1. Marcel Proust, *Contre Sainte-Beuve*, « Retour à Guermantes », *op. cit.*, p. 289 suiv.

La suite du récit qui montre la mère affolée exige (comme si souvent) l'intervention du père qui gifle le cadet capricieux. Ce petit épisode est en fait capital ; tant de thèmes futurs s'y trouvent : la puissance du père, la structure triangulaire (mère, père, fils) qui engendre la jalousie ; le rappel, dans *La Recherche,* des plaintes de Robert dans les mêmes termes par le narrateur qui s'adresse à des aubépines odorantes[1] en lieu et place du chevreau – êtres non humains, seuls capables de comprendre l'amour. Ce qui importe, c'est qu'elle concerne, dans sa première version, Robert, et, dans sa seconde, Marcel-le-narrateur, comme si, avec la fiction, l'aîné avait englobé le cadet dont il ne sera plus question. Toute la complexité du rapport fraternel est déjà là ; mais pas seulement : il s'y loge aussi l'ambivalence à l'égard de la mère remplie d'effroi car le défi de Robert aurait pu être meurtrier.

L'excursion loin d'Illiers-Combray et du petit chevreau avait été organisée par le père ; une manœuvre qui suscita le soupçon de Marcel. « Je n'ai jamais pu comprendre, écrit-il dans *Retour à Guermantes,* quand on essaye de nous cacher quelque chose comment le secret, si bien gardé qu'il soit, agit involontairement sur nous, excite en nous une sorte d'irritation, de sentiment de persécution, de délire de recherches ? C'est ainsi qu'à un âge où les enfants ne peuvent avoir aucune idée des

1. Marcel Proust, *À la recherche du temps perdu,* « Du côté de chez Swann », La Pléiade, Jean-Yves Tadié, t. I, p. 143.

lois de la génération, ils sentent qu'on les trompe, ont le pressentiment de la vérité[1] ».

Cette réflexion au sujet d'une scène de l'enfance n'est-elle pas le point de départ du goût obsessionnel de l'écrivain pour l'enquête, comme des interminables questions posées à Albertine ? Du parcours qui mène de l'enfant à l'inquisiteur ?

Après le dîner, il n'est plus question du chevreau : « Ma mère m'a dit du reste qu'il (Robert) n'avait jamais reparlé de cet ami... et nous croyons qu'il n'y a jamais repensé non plus. »

« *Il n'avait jamais reparlé de cet ami* » : tout comme Proust n'a jamais écrit sur Robert. Transferts, annulation et oubli : ce sont les grands remèdes à la souffrance proustienne. On se souvient de l'amour renié (Odette n'était plus, n'avait jamais été le « genre » de Swann). Tout se tient depuis toujours. Reste la curiosité dévorante de l'autre pour enrichir son moi : « Sans me sentir le moins du monde amoureux d'Albertine... j'étais resté préoccupé de l'emploi de son temps », écrira Proust dans *Précaution inutile*[2]. C'est l'emploi du temps qui compte. Depuis toujours, *Maman* préparait des questionnaires que Marcel devait remplir : ce qu'il avait mangé, à quelle heure, où il était allé, etc. Le modèle maternel de l'amour a laissé ses traces.

---

1. Marcel Proust, « Retour à Guermantes », *Contre Sainte-Beuve*, Folio essais, p. 285.

2. Marcel Proust, *La Précaution inutile*, édition présentée par Frédéric Ferney, Le Castor Astral, 2008.

Aussi cette petite scène, qui n'a l'air de rien, est-elle essentielle. Elle confirme la révolte contre le père tout-puissant qui a lieu dans *Jean Santeuil* où, vieillissant, il est peu à peu remplacé par le fils, et annonce un monde qui va s'inverser : s'effaceront les hommes de l'enfance pour laisser la place à des remplaçants complexes comme Charlus, Morel, Jupien, Saint-Loup. Et le narrateur va choisir d'être fils unique.

Robert est absent de *La Recherche*. Oui. Mais j'ai toujours pensé que le proverbe « les absents ont toujours tort » peut parfois signifier le contraire. Que de fois ai-je constaté que les absents gagnaient la partie, eux que l'imaginaire soutient, défend et idéalise comme le fut *Maman*, une fois morte. Mais Marcel ne s'était-il pas posé, dès *Les Plaisirs et les Jours*, cette question cruciale : « L'absence n'est-elle pas pour qui aime, la plus certaine, la plus efficace, la plus vivace, la plus indestructible, la plus fidèle des présences[1] ? » Quelle énigme, ce travail qui s'ourdit dans l'inconscient, dans la nostalgie et le remords, et souvent contre la vérité brutale du réel ! L'absence est aussi une façon de courtiser l'indifférence chère à l'écrivain qui constate et relate ; une façon de nier (renier) ce qui fut douleur et souffrance, d'annuler ce qui fut trop fort pour être dominé sur le moment, et que le recul apaise.

Aussi n'est-ce qu'après le choc du deuil de sa mère que Marcel – c'est bien lui, ce n'est pas un simple narrateur – après avoir été dans la clinique du docteur

1. Marcel Proust, *Jean Santeuil*, La Pléiade, p. 85.

Sollier, va sortir enfin de son silence. C'est à René Peter, l'artiste avec lequel il se retrouve pendant plusieurs mois à Versailles, qu'il va se confier et avouer sa jalousie maladive de tout et de tous. Et même de son frère. J'avais perçu cette affection fraternelle passionnée dans la photographie où Marcel, droit et fier d'être le plus grand, est flanqué du petit frère à la pose languide, appuyé contre son aîné comme si celui-ci avait des droits sur lui. À présent, avec René Peter, après le deuil et la cure, le masque tombe.

Marcel confesse combien il a été jaloux : « jadis de mon propre frère que j'aimais tendrement mais qui faisait de si bonnes études, le veinard, cependant qu'avec ma santé intermittente, moi, pauvre, je piétinais… Oui, René, jaloux de mon propre frère, de ce bon Robert qui, depuis, s'est élancé dans la médecine selon le vœu de mes parents. » Ces conversations avec René Peter, et leur aveu, n'ont paru qu'en 2005 [1].

Avec l'importance du père, l'existence du frère qui impose son caractère, nous assistons à la naissance de la jalousie. Aussi le narrateur a-t-il choisi d'occulter le frère pour les besoins de *La Recherche*. Que serait cette œuvre si Marcel-le-narrateur était poursuivi ou accompagné par un double ? C'est bien simple : *La Recherche* n'existerait pas. Il faudrait faire une place à cet amour fraternel dont, à vrai dire, nous ne savons rien, dans ses débuts tout au moins. L'enfance commence chez

1. René Peter, *Une saison avec Marcel Proust : Souvenirs*, Gallimard, 2005.

Proust vers six-sept ans et nous ne savons rien de ce que Marcel a *vu,* petit enfant : la mère, la grossesse, les couches, le lait, le frère nourrisson, l'intrus, le berceau.

Nous savons néanmoins que certaines propriétés dans l'œuvre se nomment « *Les Berceaux* » ou bien « *Les Oublis*[1] ». *Les Berceaux* mèneraient-ils à l'oubli de tout ce qui n'est pas eux ? Car il faudrait oublier la lente dégradation de l'innocence. L'exergue des *Plaisirs et les Jours*[2] le dit bien : « La joie des sens flatte d'abord, mais à la fin, elle blesse et elle tue. » Tuer par l'écriture est d'une délicatesse bien commode : Marcel a « tué » deux fois une mère ; d'abord dans *La Confession d'une jeune fille* où une mère, découvrant la sensualité cachée de sa fille, en est choquée, tombe en arrière, sa tête restant coincée dans les barreaux du balcon. Ensuite dans le terrible fait divers qu'il raconte (dans un article du *Figaro*, en 1907) où un fils tue sa mère avec un pistolet. J'ai dit ailleurs, dans *Proust et l'obscur*[3], combien l'écrivain peut se confondre avec un meurtrier. Un meurtrier de la mère, par exemple. En revanche, occulter ne veut pas dire haïr mais cacher, effacer, conserver jalousement pour soi.

Le « sujet » Robert était-il trop secret ? Où donc est son lit à Illiers ? Où se trouve un seul objet qui lui

---

1. *Cf. Jean Santeuil* précédé de *Les Plaisirs et les Jours*, La Pléiade.

2. *Ibid.*, exergue de « La Confession d'une jeune fille », extrait de *L'Imitation de Jésus-Christ*, p. 85.

3. Diane de Margerie, *Proust et l'obscur*, Albin Michel, 2010. *Cf.* « Sentiments filiaux d'un parricide », in *Contre Sainte-Beuve*, La Pléiade, p. 150.

appartenait en propre ? Comme j'aimerais que l'on me parle de Robert à Illiers, mais Léonie a tout envahi : sa tisane, sa madeleine, sa fenêtre, sa table de nuit. Parce que Léonie, c'est Marcel.

Encore une fois, pourquoi ce silence ? Serait-ce qu'il faut sacraliser l'enfance, à la fois l'évoquer, la ressusciter, la transposer, tout en conservant intacts ses secrets ? C'est ce que semble dire la dédicace de l'édition originale 1913 de *Du côté de chez Swann*, sauvée de la destruction par Jacques Guérin : « À mon petit frère, souvenir du temps perdu, retrouvé pour un instant chaque fois que nous sommes ensemble[1]. »

Cette dédicace de Marcel, qui réunit les termes essentiels de l'œuvre *(perdu, retrouvé)*, me semble faire allusion à plusieurs stades de sa propre enfance. Marcel a vécu presque deux ans avec ses parents sans Robert. C'est le temps à jamais *perdu* – perdu pour la mémoire, l'intelligence, mais pas pour le réservoir de la mémoire involontaire, intériorisée, inconsciente, qui rejoint la symbiose utérine quand Robert était encore aussi absent qu'il le deviendra dans *La Recherche*. (Ce n'est pas tant *Maman* qui est l'objet d'amour, que ce temps délicieux de fusion où Robert n'existait pas.)

Retrouvé est le temps qui s'écoule après la naissance du frère, quand l'aîné se substitue à la mère et se féminise en voulant la remplacer.

---

1. Dédicace de l'édition originale de *Du côté de chez Swann* (1913) retrouvée chez Robert Proust.

Dans son livre *Psychanalyse de Proust*[1], Milton L. Miller insiste sur le drame de la rivalité entre un frère aîné et son cadet : « Dans le cas où l'aîné refuse d'accepter la compétition avec un petit frère ou une petite sœur [...], un "conflit permanent" peut provoquer chez l'aîné un désir de se racheter et de montrer un amour excessif envers le bébé et la mère pour dissimuler les craintes que lui inspirent ses attitudes destructrices. »

D'où cette attitude maternelle visible sur certaines photos et qui transparaîtra jusque dans l'hommage que Robert rendra à son frère après sa mort avec son texte *Marcel Proust intime*[2].

Les mots d'affection envoyés à Robert par Marcel ont souvent quelque chose d'excessif, de forcé, comme si l'aîné se sentait le devoir d'affirmer une tendresse inchangée malgré les années. Il y a là une volonté qui ne convainc pas toujours. D'ailleurs, Jean-Bertrand Pontalis[3] remarque que dans le vers de *Rodogune* cité à Robert dans une dédicace :

« Ô frère plus chéri que la clarté du jour »

Marcel a omis le vers suivant qui débute par :

« Ô rival... »

Mais l'enfant doit se construire et remplacer *aussi* le père du petit intrus – *remplacer* ceux qui furent à

1. Milton L. Miller, *Psychanalyse de Proust*, trad. Marie Tadié, préf. Jean-Yves Tadié, Fayard, 1956.

2. Robert Proust, « Marcel Proust intime », *Nouvelle Revue française*, janvier 1923.

3. Jean-Bertrand Pontalis, *Frère du précédent*, Gallimard, 2006, p. 89.

l'origine de cette naissance, et devenir enfant unique au moins dans l'imaginaire. La situation devient d'autant plus violente que le Temps a cassé la fusion enfantine : Robert n'est évidemment plus l'enfant à boucles que Marcel peut protéger, cajoler, dominer. Ce rôle va lui être brusquement ôté à ses neuf ans, manque provoquant sans doute le manque de souffle de l'asthme. Marcel a donc traversé plusieurs étapes : d'abord le temps d'*avant* Robert ; ensuite celui de la fusion mère-fils projetée sur Robert dont il devient, ou veut devenir, l'aîné *maternel* à la place de *Maman* ; puis le rapt par le Temps de ce rôle féminin qu'il voulait incarner ; enfin, la négation de tous ces rôles de substitution quand Robert cesse d'être dépendant de Marcel.

D'où aussi cette féroce obsession de la rivalité, des rivaux qui deviendront souvent des rivales. Et cet envahissement dans l'œuvre imaginaire par le monde féminin (marquises, duchesses, actrices, gomorrhéennes, Andrée, Maman, Gilberte, Albertine) avec le désir d'être choyé et aimé d'elles. La seule issue : un univers asexué mais dévorant auquel se sacrifier comme sur un autel : celui de l'écriture, et, comme Proust le spécifie, celui d'une troisième dimension, celle de « la vie intellectuelle ».

L'oubli permet à l'imaginaire de réinventer. Giovanni Macchia l'écrit dans *L'Ange de la nuit*[1] :

1. Giovanni Macchia, *L'Ange de la nuit*, Gallimard, NRF Essais, 1993.

« L'oubli n'était pas une force destructrice : c'était une force intermittente qui lutte contre la douleur, contre la jalousie, contre l'amour, et finit par avoir raison. » Que faut-il donc oublier ? Oublier les sentiments ambigus suscités par la naissance d'un *autre* qu'il faudra plus tard annuler par l'écriture salvatrice. Effacer le fait que l'œuvre elle-même n'aurait pas pu naître sans le meurtre du frère. Meurtre fraternel et fondateur.

C'était ou « l'autre », ou l'œuvre.

Robert et Marcel Proust en 1877

L'enfance photographiée

Il y a des photos qui parlent d'elles-mêmes, surtout si on les compare les unes aux autres, comme cela est possible avec les clichés de Marcel et Robert enfants, évoluant de la puberté à l'adolescence.

Quatre photographies suffisent pour lire toute une histoire. La première, que l'on peut voir au musée Marcel-Proust à Illiers, est celle de très jeunes enfants enfouis dans un monde indéterminé, dont les vêtements, ornés de dentelles, font penser aux fanfreluches qui ornent la blancheur des berceaux.

La seconde date de 1877 : les frères sont vêtus de petits costumes écossais ; ils sont habillés de la même façon comme s'ils étaient jumeaux, avec de petits cols blancs. Celui de Robert est encore en dentelle tandis que celui de Marcel a quelque chose de raide, mais les mêmes nœuds les relient ; Robert est encore petit et s'appuie sur l'aîné. Ils sont graves comme s'ils savaient déjà que leurs apparences, encore semblables, commencent à cacher un début d'évolution, car ils ont neuf et sept ans.

Ils devinent que, bientôt, viendra une autre étape : celle de la troisième photo, où les deux garçons sont détachés l'un de l'autre, en costume sombre, boutonné. Visages fermés, chacun pour soi. Quelque chose a eu lieu : la symbiose est brisée. C'est trop tard. Chacun est désormais enfermé dans son propre corps. Leurs boutons, qui servaient auparavant plutôt d'ornements que de fermetures, agissent à présent comme une déclaration d'individualité.

Enfin, une dernière photo date de 1895. Les deux frères sont adultes à présent. Leur mère trône, assise entre eux d'un air sévère, presque buté. Elle qui, absente dans les clichés d'enfants, avait essayé de les faire apparaître dans toute leur complicité et leur gémellité, sait qu'il n'y a rien à faire désormais. Sur cette photo (ses fils ont vingt-quatre et vingt-deux ans), on dirait que la mère les sépare. Que leur attitude – où personne ne sourit ni ne se regarde, mais contemple,

figé, l'objectif – révèle que Marcel accepte sa solitude et que Robert, appuyé sur le fauteuil de sa mère, est déjà plus proche du réel. On devine que Jeanne Proust sait que chacun est devenu celui qu'il devait devenir. Qu'elle n'y peut rien changer. D'où ce geste étrange de ses deux mains séparées dont seuls les doigts se touchent, laissant voir entre eux un grand vide résigné.

Certes, chacun interprète ces clichés à sa manière. Je suis frappée de cette série des frères enfants, de leur passage à l'adolescence, comme si on avait voulu (malgré tout ce que nous ne voyons pas derrière les clichés) les obliger à poursuivre leur relation « normale » et constante, pour devenir, en apparence, presque lointaine.

Jeunesse retrouvée

Le livre de Marcel Plantevignes *Avec Marcel Proust*[1] paraît en 1966, alors que Marcel est mort en 1922. Ce jeune futur écrivain avait connu Proust à Cabourg. Plantevignes raconte ses souvenirs remontant aux étés 1908-1910, lorsqu'il était encore un jeune et fervent admirateur. Plantevignes, Fénelon, Reynaldo Hahn, Bizet, toutes ces amitiés proustiennes hésitent au bord de l'amour. Elles sont plutôt du registre de l'amitié amoureuse, cette tension sans fin de l'inachevé, tellement éloignée des passions entachées de trahisons, d'inquiétude et de mensonges. L'amitié amoureuse n'a pas besoin du lent déshabillage que Marcel fait subir à Odette, à Rachel ; elle est ici bien plutôt mêlée à l'entente et à l'enfance revécue comme elle le fut autrefois, et dont le lecteur retrouvera avec Saint-Loup l'atmosphère idyllique, presque immatérielle, à Doncières. Ou encore dans l'affection témoignée par Reynaldo Hahn qui, en ces années-là (1908, 1909,

1. Marcel Plantevignes, *Avec Marcel Proust : Causeries, souvenirs sur Cabourg et le boulevard Haussmann,* Librairie Nizet, 1966.

1910), venait tous les soirs parler avec Marcel, lui racontant sa vie, mêlant celle de Marcel avec la sienne : « La familiarité la plus fraternelle et la plus tendre régnait entre eux. » « Fraternelle », le mot est lâché : c'est le modèle des affections proustiennes entre amis, proches de cette complicité avec Robert qui émanait de leurs photographies d'enfants.

Dans son livre, Plantevignes a donc eu tout le temps de s'imbiber du style proustien, de lire et de relire *La Recherche*, de savourer la célébrité de Marcel, bref d'ajouter à ses souvenirs personnels ceux des années d'après sa mort. On peut dire qu'il s'est perdu en Proust pour écrire son livre, ou plutôt perdu dans *Le Côté de Guermantes* dont Marcel lui avait raconté tant d'épisodes, « d'anecdotes mondaines et savoureuses » durant sa « chronique parlée », à Cabourg. Il se rend compte de l'importance pour Proust de la claustration qui lui permettait de conserver tout dans sa mémoire « plus neuf, plus brillant, tout éclatant de renaissance visuelle et imaginative lorsqu'il le contemplait[1] ». Une autre pensée de Proust l'avait frappé : « Quand je découvre des rapports que l'on ne m'avait pas signalés, enseignés, bien loin de m'inquiéter, de me troubler, cela m'éclaire et me rassure », et Plantevignes commente ce goût presque scientifique : « Proust aimait les contrastes jusqu'à la plus folle fantaisie[2]. »

1. *Ibid.*, p. 127.
2. *Ibid.*, p. 205.

Mais ce qui enchante le jeune Plantevignes, c'est une histoire que lui raconte Marcel (d'après des confidences reçues) : celle de deux cousins qui découvrent ensemble les joies de l'érotisme pendant leur bain de mer. Ces confidences, Proust se hâte de les transmettre à son jeune admirateur pour faire son éducation sur la naissance des « vices ». Car il s'agit, explique Marcel, pour ce cousin-ami, de « retrouver le même frisson que celui dont il avait perçu avec émerveillement et grande satisfaction autrefois les premières tendances ». Et Marcel de conclure : « Qui sait jusqu'où toutes ces constatations, qui sait jusqu'en quels coins respectables, et peut-être même sacrés, de notre inconscient, les perversités sont allées rechercher leurs sources… » (Le mot « sacré » serait-il une allusion familiale ?)

L'histoire est donc celle d'un jeune homme qui découvre le plaisir à travers un geste « inconscient » de sa cousine ; tandis qu'ils flottent ensemble dans la mer et une atmosphère idyllique, le pied de la jeune fille se loge là où la sensibilité de son cousin est la plus vive.

C'est le jeune Plantevignes que le jeune Proust cherche à initier. On dirait que Marcel cherche à retrouver l'innocence sensuelle de sa propre jeunesse. Désormais, cousin et cousine prirent l'habitude de ce plaisir né du hasard au point que le garçon, marqué par la cristallisation du souvenir, ne peut plus éprouver de joie érotique avec une femme qu'à travers des caresses du pied. Tout cela est expliqué par l'aîné au plus jeune qui conclut que Marcel cherchait à « comprendre, toujours comprendre, toujours chercher plus loin » ; oui, à remonter plus loin pour capter la sensibilité à vif des premiers émois.

Si l'on réfléchit à cette anecdote, on pense à l'instant révélateur où le narrateur posera son pied sur deux pavés inégaux dans *La Recherche* : « Comme au moment où je goûtais la madeleine, toute inquiétude sur l'avenir, tout doute intellectuel étaient dissipés… » ; il trouve enfin la cause de sa joie : « … cette cause, je la devinais en comparant entre elles ces diverses impressions bienheureuses et qui avaient entre elles ceci de commun que je les éprouvais à la fois dans le moment actuel et dans un moment éloigné, où le bruit de sa cuiller sur l'assiette, l'inégalité des dalles, le goût de la madeleine allaient jusqu'à faire *empiéter le passé sur le présent*[1], à me faire hésiter à savoir dans lequel des deux je me trouvais… Cela expliquait que mes inquiétudes au sujet de ma mort eussent cessé au moment où j'avais reconnu, inconsciemment, le goût de la petite madeleine, puisque à ce moment-là *l'être que j'avais été était un être extra-temporel*[2], par conséquent insoucieux des vicissitudes de l'avenir[3]. »

Aussi, à travers le livre de Plantevignes (qui ne se pose aucunement en critique) peut-on retracer

1. C'est moi qui souligne.
2. C'est moi qui souligne.
3. Marcel Proust, *À la recherche du temps perdu,* « Le Temps Retrouvé », La Pléiade, Jean-Yves Tadié, t. IV, p. 450 ; *Contre Sainte-Beuve*, La Pléiade, « Projets de préface », p. 212, 213.

d'anciennes obsessions qui seront à l'origine de quelques-unes des plus belles pages de Proust avec ce goût de la mémoire involontaire dont le « miracle » des illuminations va plus tard le rapprocher du docteur Sollier, le mettre en communication avec un passé-présent en le plongeant dans le seul milieu où il pût vivre, jouir de l'essence des choses, c'est-à-dire : en dehors du temps.

Le livre révèle (sans le savoir peut-être), à quel point, pour Proust, les sensations corporelles sont à la base d'une connaissance unique, que tout créateur peut interpréter et utiliser pour son œuvre – connaissance à travers des circonstances insolites où débusquer des rapports insoupçonnés qui échappent à l'intelligence seule : « Non seulement l'intelligence ne peut rien pour nous pour ces résurrections, mais encore ces heures du passé ne vont se blottir que dans des objets où l'intelligence n'a pas cherché à les incarner. »

Déjà, avant *La Recherche*, dans *Projets de préface*[1], Marcel Proust, ayant posé le pied sur des pavés inégaux, s'exprime sur sa sensation : « Je sentais au fond de moi-même tressaillir un passé que je ne reconnaissais pas. C'était en posant le pied sur le pavé que j'avais éprouvé ce trouble. Je sentais un bonheur qui m'envahissait, et que j'allais être enrichi d'un peu de cette pure substance de nous-mêmes qu'est une impression passée, de la vie pure conservée pure (et que nous ne pouvons connaître que conservée, car, au moment où

1. *Ibid.*, *cf.* « Projets de préface », p. 213.

nous la vivons, elle ne se présente pas à notre mémoire, mais au milieu des sensations qui la suppriment)... »

L'image des pavés revient donc tel un leitmotiv qui permet des « résurrections », et ce qui frappe dans ce fragment du *Contre Sainte-Beuve*, c'est l'obsession de « pureté » liée à un fragment de vie « conservée », mots qui évoquent irrésistiblement l'enfance blottie dans l'inconscient. Ce n'est pas de fiction qu'il s'agit ici, mais d'une pensée intime qui sera plusieurs fois répétée. Comme dans *La Recherche,* c'est l'être *extra-temporel* qui, « seul, avait le pouvoir de me faire retrouver les jours anciens, le temps perdu, devant quoi les efforts de ma mémoire et de mon intelligence échouaient toujours [1] ». Il n'est pas de doute possible : le temps perdu est celui des « jours anciens ».

Même les sensations du corps liées à Gilberte Swann ramènent au passé. Ramènent à une petite pièce appartenant à l'oncle Adolphe, à Combray. Quand le narrateur revoit Gilberte qui, de petite fille-garçon aperçue à Tansonville tenant une bêche, est devenue une adolescente retrouvée aux Champs-Élysées, le plaisir de la lutte avec elle pour récupérer la lettre de Swann est dû surtout au souvenir de Combray. « Nous luttions, raconte le narrateur, arc-boutés... je la tenais serrée entre mes jambes comme un arbuste après lequel j'aurais voulu grimper ; et, au milieu de la gymnastique que je faisais, sans qu'en

1. Marcel Proust, *À la recherche du temps perdu,* « Le Temps Retrouvé », *op. cit.*, t. IV, p. 450.

fût à peine augmenté l'essoufflement que me donnaient l'exercice musculaire et l'ardeur du jeu, je répandis, comme quelques gouttes de sueur arrachées par l'effort, mon plaisir auquel je ne pus pas même m'attarder le temps d'en connaître le goût ; aussitôt je pris la lettre[1]. »

Ce plaisir a donc ici une double origine : s'emparer de la lettre d'affection écrite par le narrateur à Swann et dont celui-ci a mis la sincérité en doute, et réveiller le souvenir de « la petite pièce de l'oncle Adolphe », laquelle exhalait le même parfum d'humidité que le « pavillon treillissé de vert » aux Champs-Élysées où Françoise avait obligé le narrateur à aller en quittant, pour un instant, Gilberte. Pavillon où une sorte de fraîcheur concentrée provoque (au contraire de l'excitation de la lutte) « un plaisir consistant auquel je pouvais m'étayer, délicieux, paisible, riche d'une vérité durable, inexpliquée et certaine ». Une troisième origine enfin : qui peut nier combien cette lutte avec Gilberte-la-garçonne évoque des luttes enfantines ? Gilberte serait-elle un reflet de Robert ?

On aurait pu conclure que le plaisir du narrateur naîtrait du corps de Gilberte (qui porte aux Champs-Élysées la même toque qu'à Tansonville) mais on apprend qu'il surgit à travers une lettre pour Swann et le souvenir du « water-closet » chez l'oncle Adolphe. Naturellement, on pense aux découvertes solitaires du narrateur dans le petit cabinet sentant l'iris à Combray.

---

1. Marcel Proust, *À la recherche du temps perdu,* « À l'ombre des jeunes filles en fleurs », *op. cit.*, t. I, p. 485 suiv.

Comme dans le récit que fera Marcel à Plantevignes, les premières voluptés éprouvées détermineront les joies à venir – aussi la connaissance du plaisir est-elle restée liée à Combray et donc à l'enfance.

De la différence des regards posés sur les scènes proustiennes, un exemple est la danse « sein contre sein [1] » des Gomorrhéennes dans *Sodome et Gomorrhe*. Le médecin insistera sur la « sensibilité » des seins féminins. Le naïf Plantevignes qui lira cette scène, lui, éprouvera un « étonnement » plutôt choqué. Il ne voudra voir ici aucun érotisme, aucune sensualité : il s'agit tout simplement de deux jeunes femmes athlétiques qui aiment la musique et le rythme de la danse. Seul le narrateur comprend de quoi il en retourne entre ces deux jeunes femmes dont on devine la relation. Et Plantevignes de conclure, en 1966 : « Je crois avoir déjà dit que Proust, dans son extrême curiosité des réalités psychologiques humaines, recherchait jusqu'aux perversités [...] Ce n'était pas curiosité malsaine mais seulement un désir d'explorateur de découvrir toujours plus loin la mentalité humaine même dans ses déformations, et appétit de connaître du chirurgien au scalpel descriptif de psychologie [2]. »

Oui, le scalpel existe, mais il est psychologique.

---

1. Marcel Proust, *À la recherche du temps perdu*, « Sodome et Gomorrhe », *op. cit.*, t. III, p. 191.

2. Marcel Plantevignes, *Avec Marcel Proust : Causeries, souvenirs sur Cabourg et le boulevard Haussmann*, Librairie Nizet, 1966, p. 546.

Finalement, après tant d'années, Plantevignes a eu le temps de réfléchir au long chemin parcouru par *La Recherche* dans l'obsession du passé. N'avaient-ils pas, tous deux, discuté ensemble du titre à choisir pour l'œuvre entière parmi les titres entre lesquels, selon l'autre Marcel, Proust hésitait :

Le voyageur du passé
Penché sur son passé
Les reflets du passé
Les miroirs du passé
Le passé tardif et renaissant
Devant quelques stalactites du passé
L'adorable passé qui se laisse adorer
Visite au passé qui s'attarde
Le visiteur du passé
Le passé prorogé
Devant certaines stalactites des jours écoulés
Reflets dans la patine
Ce qu'on voit dans les patines
Les jours patinés
Les patines du Temps
Les reflets du Temps perdu.

Parmi ses préférés, ce dernier :
Un passé dont tout cependant ne fut pas perdu. [1]

Quand Plantevignes assiste aux obsèques de Marcel, en novembre 1922, il se trouve à côté de Léon Daudet qui ne cesse de murmurer : « Ah, ce petit, ce pauvre

1. *Ibid.*, p. 546.

petit… » Depuis la mort de Proust, tous ses amis intimes et de jeunesse, à commencer par son frère, le docteur Proust, ne le désignaient plus autrement que par « ce petit, ce pauvre petit », remarque le docteur Soupault[1]. Ainsi le renversement si fréquent dans *La Recherche* devient-il celui de la mort où l'aîné se transforme en cadet.

1. Robert Soupault, *Marcel Proust du côté de la médecine*, Plon, 1967.

Robert en Saint-Loup

Que de thèmes chez Marcel Proust qui combinent à la fois la nostalgie d'une amitié unique et la peur du changement ! Je me dis que la raison profonde en est l'inévitable transformation apportée par la puberté, visible dans les clichés des deux jeunes frères Proust et des étapes de leur enfance. De là une certaine amertume chez les personnages souvent obsédés par les êtres aimés, et leurs années vécues, mystérieuses, impossibles à connaître, années devenues « lointaines » qui ne se laissent pas capter car « les seuls paradis sont ceux que l'on a perdus », comme l'écrit Marcel.

Philippe Berthier a intitulé un des chapitres de son beau livre *Saint-Loup* : *Pacte avec un voleur*[1] – allusion ironique adressée par l'écrivain à l'ami : quelqu'un serait-il parti avec son larcin qui n'est autre, peut-être, qu'un frère à l'amitié autrefois partagée et perdue ? Je me sens confirmée dans cette conviction.

1. Philippe Berthier, *Saint-Loup*, De Fallois, 2015, p. 79.

L'amitié en général – ce sentiment auquel Proust ne croira plus – aurait-elle été refusée à cause de la connivence presque amoureuse vécue avec le jeune Robert, à Combray ? Communion irremplaçable où Marcel protège le cadet comme le ferait sa mère. Tant de « Robert », plus tard, autour de lui : Robert de Billy, Robert de Flers, Robert Dreyfus, Louis de Robert entre autres, comme si mentionner souvent dans la vie le nom de son frère, et l'avoir donné à l'un des personnages les plus fascinants de l'œuvre (Robert de Saint-Loup) pouvait répondre à son étrange disparition de *La Recherche*. Cette répétition obsessionnelle du même prénom est également présente dans le domaine des noms géographiques : Philippe Berthier n'en relève pas moins de vingt[1].

Cette fascination d'un lien fraternel, cette utopie gémellaire se retrouvera dans les relations de Jean Santeuil et Henri de Réveillon contrecarrées par la famille. Très vite, il semble que dans le monde adolescent si différent de l'innocence enfantine – avec le chevreau, on s'en souvient, et bientôt les aubépines – l'amitié ne sera plus pour Marcel « qu'une courbe fatale qui, après avoir atteint un palier, régresse toujours pour s'abolir tout à fait », comme il le confie dans une lettre à la princesse Bibesco. Il semble que quelque chose d'important manque depuis toujours, qui fait songer à une perte originelle et serait à la source de la dégradation voulue des sentiments dans

1. *Ibid.*, p. 32, 33.

La Recherche. Quelque chose a eu lieu, mais, comme l'enfance, elle ne se reproduira jamais plus.

Le mot *frère* revient souvent dans le portrait de Saint-Loup que trace le narrateur : « Dans l'un de ses rôles, il m'aimait profondément, il agissait à mon égard presque comme s'il était mon frère ; mon frère, il l'avait été, il l'était redevenu, mais pendant un instant il avait été un autre personnage qui ne me connaissait pas [...] », constate le narrateur après un épisode où Saint-Loup n'avait, en effet, pas reconnu son ami[1]. Étonnante scène, comme si une profonde altération physiologique avait modifié Saint-Loup, et avait produit ce changement, une éclipse dans leur relation.

Aussi l'opération par soustraction infligée par Marcel-le-narrateur à l'amour et à tant de ses personnages (comme justement à Saint-Loup dont on découvre peu à peu les mensonges, l'homosexualité, l'amour pour Morel, la Croix égarée dans le bordel masculin) semble issue d'une obsession de la perte. Rachel, maîtresse de Saint-Loup, le monte contre le narrateur ; celui-ci privilégie à présent Albertine ; l'amitié « fraternelle » est détruite par d'autres amours ; le narrateur en conclut – en termes médicaux – que l'amitié peut se détacher d'elle-même car Marcel pense qu'il est possible de « vivre avec un seul poumon

1. Marcel Proust, *À la recherche du temps perdu*, « Le côté de Guermantes », La Pléiade, Jean-Yves Tadié, t. II, p. 474.

ou un seul rein[1] ». En fin de compte, le narrateur choisit de continuer à se livrer seul, semble-t-il, à son fantasme d'un amour fraternel. Le mot « trahison », qui revient des dizaines de fois dans *La Recherche*, évoque irrésistiblement pour moi l'époque où Marcel s'est trouvé comme « remplacé » par la naissance d'un second fils, puis l'inévitable détachement quand le petit frère quitte la protection de l'aîné en même temps que ses boucles et ses jupes.

Le regard de Proust sur Rachel, la maîtresse de Saint-Loup, fait d'elle une femme infidèle et de son amant un homme « sans discernement », à la différence, bien sûr, du narrateur, ce témoin lucide. On retrouve ici l'enchevêtrement familial et obsessionnel cher à l'auteur (Saint-Loup aime Morel qui fut aimé de son oncle Charlus et donnera beaucoup d'argent – celui de sa femme Gilberte – à son amant). J'évoquerai plus tard les tours de passe-passe commis par Marcel qui fit don de meubles familiaux à Jupien pour son bordel et parvenir de l'argent à la maîtresse de son frère Robert. Le narrateur rapproche Saint-Loup de Marcel et, en même temps, le lecteur soupçonne Marcel-le-narrateur de vouloir dégrader son personnage à travers les derniers épisodes peu reluisants : l'ambiguïté dans laquelle sombre le caractère radieux de Saint-Loup est révélatrice d'un désir de l'avilir, mais aussi de partager avec lui sa propre culpabilité.

1. Lettre à Robert de Billy, 1911, cité par Philippe Berthier, *Saint-Loup*, De Fallois, p. 86.

Alors que Robert Proust se distingue par son courage au front, le narrateur éprouve le besoin de s'interroger : pourquoi les hommes aiment-ils tant se retrouver pendant la guerre ? « La guerre qui fait, des capitales où il n'y a plus que des femmes, le désespoir des homosexuels, est au contraire le roman passionné des homosexuels, s'ils sont assez intelligents pour se forger des chimères, pas assez pour savoir les percer à jour, reconnaître leur origine, se juger[1]. »

Et le narrateur, lucide une fois de plus, commente « l'idéal de virilité homosexuel à la Saint-Loup ». Le mensonge réside pour eux dans le fait de ne pas vouloir se rendre compte que le désir physique est à la base des sentiments auxquels ils donnent une autre origine (autrement dit : le courage, le patriotisme).

De Saint-Loup, le narrateur avait pourtant écrit : « Il trouvait, chastement sans doute, à vivre à la belle étoile avec des Sénégalais qui faisaient à tout instant le sacrifice de leur vie, une volupté cérébrale où il entrait beaucoup de mépris pour les "petits messieurs musqués[2]". » Que Saint-Loup ait perdu sa croix dans un bordel n'ôte rien à son courage et le narrateur éprouve le besoin de prouver que l'homosexualité n'empêche pas d'être héroïque. Pour une fois, le « déshabillage » du personnage n'attaque pas complètement ses qualités essentielles. Tout se passe comme si Marcel Proust désirait rapprocher Saint-Loup de

1. Marcel Proust, *À la recherche du temps perdu*, « Le Temps retrouvé », *op. cit.*, t. IV, p. 324.

2. *Ibid.*, p. 322.

lui-même à travers ses défaillances, avec une tendresse qui n'a rien à voir avec le cruel éclairage dans lequel sera projetée Gilberte, que Mme de Guermantes qualifiera de « petite horreur » vénale. La dualité sexuelle de Saint-Loup retrouve pourtant son unité lorsqu'il est triomphalement célébré, après sa mort, dans l'église de l'enfance, à Combray. À travers cette cérémonie et sa rédemption, le narrateur récupère un lien « fraternel » enfin délicieusement dépouillé de complexités psychologiques.

Si Bertrand de Fénelon, l'ami tant aimé de Marcel, disparu lors d'une mort héroïque, contribua sans aucun doute à créer le personnage de Saint-Loup, c'est pourtant le lien fraternel qui est encore évoqué : « Je le pleure comme un frère », écrira Marcel à Louis d'Albufera. Qu'il y ait plusieurs « clefs » au personnage de Saint-Loup est évident. Mais ce qui me paraît essentiel et dépasse de beaucoup le problème des « modèles » différents, c'est le rôle fraternel si souvent confié à Saint-Loup dont le narrateur aurait tant voulu qu'il subsiste jusqu'à la fin comme s'il remplissait un vide. Comme si Marcel-le-narrateur – avec le retour de Saint-Loup, après sa mort, à l'église de Combray – retrouvait enfin le frère de l'enfance.

Dans une lettre à son « cher petit Robert », datée de février 1918[1], après s'être plaint de ses yeux, du fait que la place de critique littéraire au *Figaro* est déjà

1. Marcel Proust et son frère, 15 février 1918, *in* Cécile Guilbert, *La Boîte à lettres*, Robert Laffont/France Culture, 2014.

prise et dit son inquiétude concernant la santé du mari de Céleste, Marcel conclut : « Mais mon pauvre Loup, à côté de la vie que tu dois mener ce n'est rien. » La lettre ne révèle pas seulement que Robert était appelé Loup par sa mère, mais aussi une angoisse de la mort : alors que M. Duplay, morphinomane, vit encore, Marcel constate que « Papa, Maman, Mme Duplay plus jeune encore que Maman » sont morts. Il plaide pour plus de lettres de Robert : « Si jamais tu me récris – mais c'est déjà trop beau d'avoir eu ces mots de toi si inespérés, et si souvent relus… » Dans l'absence, le regret de la présence de Robert subsiste, mais on verra qu'il en sera autrement pendant les derniers jours de Marcel, et l'on devine que ce qui prime, c'est tout de même de finir *La Recherche* : « Mes yeux font de plus en plus mal et le nombre de mes épreuves s'accroît au fur et à mesure, ce qui m'inquiète non pour ma vue mais pour la possibilité de terminer mon ouvrage. » Façon d'exprimer à son frère au front que, lui aussi, peut mourir : ainsi la rivalité fraternelle continue-t-elle jusque dans la pensée de la mort.

Je ressens le plaisir que j'imagine être celui de Marcel quand il évoque Saint-Loup invitant le narrateur à venir le voir à Doncières. Je comprends le bonheur qu'il a dû éprouver quand il écrivait tout simplement le nom de *Robert*. Car Doncières, près de Balbec, où Saint-Loup est en garnison, rend à nouveau possible la plongée dans l'enfance où les jeunes garçons, à eux deux, créaient un univers jumelé :

c'est un monde de courage où Saint-Loup pousse « l'horreur de l'efféminement jusqu'à une certaine ivresse au contact de la virilité[1] ».

« Chaque souvenir est inséparable de l'instant de sa remémoration », écrit Jonah Lehrer[2] : remarque qui met l'accent sur l'état mental du narrateur pendant cette résurgence du passé. À Doncières, le passé de Combray revient plusieurs fois. Le Combray de Proust n'est pas (Marcel le sait bien) un Illiers réel. Ce n'est pas seulement un lieu de l'imaginaire mais plutôt le lieu obsessionnel d'un passé intériorisé qui, blotti dans la mémoire, exige de remonter à la surface à travers des détails comme l'hôtel à Doncières, l'atmosphère provinciale, le crépitement du feu. À lire ces pages merveilleuses, à la fois précises et brumeuses, chaleureuses et lointaines, le lecteur ressent combien Proust est en quête d'une époque évanouie. C'est pourquoi Combray, transformé par le temps, certes, mais aiguillonné par le même désir, ne cesse de hanter le texte. Être conforté, rassuré, être à nouveau immergé dans le milieu fraternel amical, masculin et provincial pour retrouver les séjours à Illiers.

Quand il vient à Doncières pour demander à Robert de le présenter à sa tante de Guermantes, celle-ci, peu à peu, perd de son importance. Elle ne devient qu'un leurre. Un souvenir écran dont Saint-Loup

1. Marcel Proust, *À la recherche du temps perdu,* « Le Temps retrouvé », *op. cit.*, t. IV, p. 322.

2. Jonah Lehrer, *Proust était un neuroscientifique,* Robert Laffont, 2011.

détient la clef. Progressivement remplacée par l'amitié amoureuse que suscite Saint-Loup chez le narrateur, le paysage sexuel s'inverse comme si souvent chez Proust : la femme, ici, le cède au jeune homme. Le narrateur l'avouera clairement à Saint-Loup : Doncières a beau s'appeler Doncières, il est surtout Illiers-Combray où le matin, après un sommeil réparateur, il se réveillait plein de force : « La vie s'étendait plus longue devant moi, c'est que j'avais reculé jusqu'aux bonnes fatigues de mon enfance à Combray, le lendemain des jours où nous nous étions promenés du côté de Guermantes. »

« Les poètes, continue à penser le narrateur, prétendent que nous retrouvons un moment ce que nous avons jadis été en entrant dans telle maison, dans tel jardin où nous avons vécu jeunes [...] Les lieux fixes, contemporains d'années différentes, c'est en nous-même qu'il vaut mieux les trouver[1]. » Pensée surgie à Doncières qui montre combien le souvenir n'est pas seulement lié au réel mais le résultat de ce que nous en avons fait au cours de nos vies différentes vécues dans les lieux « fixes » d'une obsession personnelle.

L'amitié pour Saint-Loup se transforme au cours de ces pages en un amour avec tous ses symptômes : le désir de plaire aux amis de l'Ami ; le fait que tous les à-côtés de la vie deviennent négligeables : « J'étais comme un homme qui, ne pouvant ouvrir les yeux

1. Marcel Proust, *À la recherche du temps perdu*, « Le côté de Guermantes (Doncières) », La Pléiade, Jean-Yves Tadié, t. II, p. 389, 390.

depuis plusieurs jours, fait appeler un médecin lequel avec adresse et douceur lui écarte la paupière, lui enlève et lui montre un grain de sable ; le malade est guéri et rassuré. » C'est le médecin qui guérit le « malade » même si, dans la fiction, c'est le monde féminin de Mme de Guermantes qui semble prévaloir : « Tandis que je marchais, il semble que j'aurais dû ne pas cesser un instant de penser à Mme de Guermantes ; ce n'était que pour tâcher d'être rapproché d'elle que j'étais venu dans la garnison de Robert. Mais un souvenir, un chagrin sont *mobiles*[1]. »

Ne l'oublions pas, le médecin a ôté le grain de sable : le malade, à présent, peut voir clair. Et ce qu'il voit, c'est Robert de Saint-Loup. Ce qu'il désire, c'est qu'ils passent tous deux du vouvoiement au tutoiement et, quand Saint-Loup accepte avec enthousiasme ce changement dans leur relation, le narrateur va jusqu'à renier ce qu'il avait prétendu être la raison de sa présence à Doncières : « Comme je vous remercie... te remercie. Quand vous aurez commencé ! Cela me fait un tel plaisir que vous pouvez ne rien faire pour Mme de Guermantes si vous voulez ; le tutoiement me suffit », déclare le narrateur. Cruelle vérité qui n'apparaît qu'une fois le « grain de sable » ôté.

Encore soucieux d'une certaine logique, le narrateur demande à Saint-Loup une photographie de sa tante, comme s'il voulait se justifier en conservant les apparences. Saint-Loup refuse : il soupçonne une ruse cachée. Le narrateur se met alors à le détester.

1. C'est moi qui souligne.

À travers l'évanouissement du prétexte, débute une attirance passionnée née en une seule soirée, comme « une fleur qui se serait ouverte en quelques minutes », d'autant plus que resurgit le souvenir de Balbec, avec la jalousie des fiançailles virtuelles de Robert… fiançailles que Saint-Loup avait démenties, apaisant ainsi l'inquiétude du narrateur.

D'admirables phrases sur l'enfouissement du souvenir expriment le suc de cette visite à Doncières : il s'agit « de descendre dans les galeries les plus souterraines du sommeil, où aucun reflet de la veille, aucune lueur de mémoire n'éclairent plus le monologue intérieur… » Car « les grandes fatigues, les longues marches suivies de "bonnes" nuits, nous remettent en contact avec notre idée fixe et "retournent" si bien le sol et le tuf de notre corps qu'elles nous font retrouver, là où nos muscles plongent et tordent leurs ramifications et aspirent une vie nouvelle, le jardin où nous avons été enfants. »

Jardin secret s'il en fut. Jardin plongé dans le silence même de l'écrit avec la disparition de Robert Proust : « Il n'y a pas besoin de voyager pour le revoir, il faut descendre pour le retrouver. Ce qui a couvert la terre n'est plus sur elle, mais dessous, l'excursion ne suffit pas pour visiter la ville morte, les fouilles sont nécessaires. »

À la fatigue qu'éprouve le narrateur à Doncières, née des journées et des nuits harassantes à suivre les manœuvres, succède le retour béni à l'hôtel – comme dans un bienfaisant « conte de fées ». Tous ces passages suggèrent combien de faux désirs peuvent recouvrir une idée fixe qu'aucune terre ne suffit à recouvrir car elle continue à vivre dans l'inconscient.

Il est possible qu'une des idées fixes enracinées de Marcel soit la découverte qu'il fit, voilà des années, des transformations du corps maternel au moment d'attendre et de mettre au monde son second fils – ce rival. Qu'à ce moment-là prit forme la cruelle ambivalence à l'égard de la mère (si visible dans la correspondance) – idéalisée après sa mort par une adulation excessive dans *La Recherche*. Obsession incarnée dans la maladie captatrice de Marcel à travers l'asthme. Maladie destinée à triompher de Robert dans cette rivalité qui les réunit mais les oppose.

Prendre la place de la mère auprès du rival avait semblé la solution. N'était-ce pas là une manipulation subtile : remplacer le premier amour par le second comme le narrateur va remplacer la duchesse de Guermantes par Saint-Loup ? Elle n'est plus que sa propre photo, salie d'ailleurs par la pensée méfiante de Saint-Loup. Une photo, se dit-il, pour quoi faire ? Et l'on pense à celle du père sur laquelle crachent Mlle de Vinteuil et son amie dans *Un amour de Swann*. C'est souvent la même situation : le blasphème, la culpabilité, le remords et, enfin, la rédemption. Ici, Saint-Loup a pris toute la place et le narrateur n'est plus que son attente derrière une porte. Tandis qu'il joue et « mime sa vie parmi les hommes » il vit plutôt un rappel d'autrefois : « De nature énigmatique » lui apparaît l'attrait que Saint-Loup avait ressenti pour lui à Balbec, « détaché de tout lien matériel, invisible, intangible et dont pourtant il éprouvait la présence en lui-même[1] ».

Que de variantes pour la naissance d'un sentiment amoureux qui a commencé par être éthéré avant de détruire l'attirance hétérosexuelle du narrateur pour la tante de l'Ami ! Saint-Loup, héroïque et modeste comme le fut Robert Proust, dévoilera son homosexualité ; et son image sera bientôt ternie, souillée, souvenirs tendres et purs abolis, selon une « idée fixe » de Marcel : détruire l'amour, en dévoiler l'illusion. Néanmoins, malgré ces derniers épisodes blasphématoires, la rédemption aura lieu, sa mort sera célébrée avec tous les honneurs, à Saint-Hilaire, l'église de Combray, son corps revenu au bercail.

Toutes les étapes de la trajectoire de Saint-Loup : l'amour à Balbec, les retrouvailles à Doncières, le mariage avec Gilberte, l'amie d'enfance du narrateur, finiront par revenir au point de départ après la désacralisation habituelle.

Il n'y a rien à faire : personne ne peut être totalement proche de l'autre : c'est la grande frustration proustienne. Aussi faut-il s'en venger par une ambiguïté sourde, continue et mobile. Aucun caractère ici n'est stable ; aucun amour n'est vrai, tout est menacé d'effritement, sauf la pureté perdue d'une enfance partagée.

1. Marcel Proust, *À la recherche du temps perdu*, « Le côté de Guermantes », *op. cit.*, t. II, p. 403.

Ce n'est pas seulement à travers l'amitié amoureuse du narrateur et de Saint-Loup à Doncières que ce personnage fait penser au frère cadet de Marcel. Le fait qu'il traverse presque toute *La Recherche*, sa mobilité, son ambiguïté prouvent à quel point les fantasmes de Marcel-le-narrateur l'accompagnent. Saint-Loup ne participe pas seulement au passé à travers les allusions à Combray, mais aussi par son appartenance à l'aristocratie grâce à laquelle il remonte le temps de l'Histoire.

En effet, précise le narrateur, Saint-Loup le fait penser à un portrait dont le décor « approprié » serait « une pelouse de polo, de golf », ou encore « un champ de courses, un pont de yacht ». On sait qu'Adrien recommandait à ses lecteurs la campagne et le sport, et que Robert aimait monter à cheval, lui dont les mouvements ressemblent à ceux de « cavaliers sculptés sur une frise [1] ». Le narrateur dote sa personne de toute la beauté propre à la jeunesse comme s'il éprouvait un plaisir réel à l'imaginer adolescent puis jeune homme. Comme si les vies parallèles mais séparées des frères Proust continuaient à l'obséder.

Il y a un érotisme certain dans la description de son personnage avec « l'agilité morale et physique qui donnait tant de grâce à son amabilité, dans l'aisance avec laquelle il offrait sa voiture à ma grand-mère et l'y faisait monter, dans son adresse à sauter du siège quand il avait peur que j'eusse froid, pour jeter son

1. *Ibid.*, p. 707.

propre manteau sur mes épaules[1]... » ; dans la vie réelle, Marcel avait souvent emprunté la voiture de Robert. Oui, Saint-Loup est vraiment le *frère* idéal auquel Marcel-le-narrateur peut songer à loisir à travers le silence observé sur le frère réel.

1. Marcel Proust, *À la recherche du temps perdu*, « À l'ombre des jeunes filles en fleurs », *op. cit.*, p. 96.

Parallèles et contrastes

Robert Soupault fait un portrait enthousiaste de Robert Proust, proche de celui que le narrateur fait de Saint-Loup. « Tous les médecins ou écrivains qui le connurent (Jean Rostand, le docteur Gosset, Paul Morand entre autres) ne tarissent pas d'éloges sur sa curiosité intellectuelle, son intelligence, son dévouement, son désintéressement, son incapacité à envier, à calculer, à se vanter, à mépriser autrui, son goût de l'action, du sport, son dédain du danger, son air "oriental", son horreur de la souffrance. » Et là nous voyons ce qui peut séparer les frères malgré les facultés intellectuelles qui les rapprochent, car la vision mentale de Marcel est parfois cruelle ; sa manipulation à travers l'asthme et l'argent démontre une personnalité consciente de ses propres intérêts.

Alors que Robert se préoccupait des malades et des pauvres, Marcel se réservait à ceux qui dépendaient de lui, ou à ceux dont il dépendait. Le docteur Gosset n'hésite pas à écrire que « rien ne les rapprochait », mais d'autres médecins rapprocheront au contraire les deux frères à travers la lente précaution des gestes chirurgicaux et le goût exigeant de la perfection dans la création littéraire. Ils éprouvaient d'ailleurs le même goût pour la spéculation, le détail, l'anormalité et les relations entre le corps et l'esprit.

Une des étrangetés psychologiques qui m'a toujours fascinée est ce parallélisme de deux êtres proches par le sang ou la rencontre – mais un parallélisme dans le contraste. Voilà qui est frappant chez les frères Proust dont l'un s'adonne à l'analyse de la dégradation (en amitié, en amour, dans la sexualité) à travers le scalpel de l'écriture ; et l'autre, tout au contraire, choisit la guérison du mal à travers le bistouri.

Les faits et les intérêts ont beau les avoir éloignés l'un de l'autre après avoir vécu leur petite enfance côte à côte, les racines génétiques les ont guidés dans le choix de leurs voies qui se rejoignent dans une recherche commune : celle de décortiquer l'âme et le corps, celle d'étudier la maladie – la maladie de l'amour comme celle de la chair.

Voies différentes, certes. Mais qui mènent toutes deux à la création, car si Marcel écrit *La Recherche*, Robert laisse vingt-sept livres et deux cent cinquante articles. Si Marcel étudie la solitude et la maladie (Léonie), la fourberie (Odette), la dissimulation et le mensonge (Albertine), le vice et le sadomasochisme (Charlus) – Robert, lui, étudie la sexualité féminine, la gynécologie, l'hermaphrodisme et les maux de la prostate. Robert devient élève du narcissique et célèbre Docteur Pozzi qui se fit peindre vêtu d'une robe de chambre d'un rouge somptueux par Sargent[1], dans toute sa beauté de séducteur viril, tandis que Marcel fit faire son portrait, mystérieux et sévère, par Jacques-Émile Blanche où éclate, à la boutonnière, la couleur virginale d'une orchidée. D'un côté, Marcel élabore des personnages qui doivent leur lustre à Montesquiou, Réjane, Sarah Bernhardt ; de l'autre, Robert poursuit sa carrière sous l'influence du sulfureux Pozzi, amant célèbre, médecin réputé parfois contesté (par Daudet notamment), homme du monde qui soigne, justement, les « modèles » de Marcel.

Les deux frères ont-ils tous deux contribué à la création du docteur Cottard, personnage maladroit dans les salons, mais clinicien remarquable ? Quand Mme Verdurin l'invite dans une avant-scène, il répond qu'en étant si près de l'héroïne – qui se trouve justement être Sarah Bernhardt, une des maîtresses de Pozzi – on risque de s'en « fatiguer », tout comme le narrateur constate qu'il ne faut pas voir une actrice de trop près. En fait, bien plus qu'on ne le pense, les textes de Marcel s'inspirent du monde et du vocabulaire de la médecine où Robert a tracé son chemin. C'est là, après Combray, leur lieu de rencontre à l'âge adulte où Marcel côtoie Robert à travers sa dérision de certains médecins comme à travers son obsession pour leur milieu. Dans son livre,

1. Claude Vanderpooten, *Samuel Pozzi : Chirurgien et ami des femmes*, In Fine, 1993.

le Docteur Soupault[1] a composé une véritable anthologie de citations scientifiques proustiennes.

Que faisait Robert tandis que son frère, après une vie mondaine effrénée, prit la résolution de se cloîtrer ? Il écrivait. Sa carrière s'accompagna de textes où l'on peut voir un parallélisme certain avec *La Recherche.* Car si Marcel se penche, en analyste incomparable, sur les duchesses comme sur les actrices, les boulangères comme les gomorrhéennes, Robert s'intéresse aux rouages intimes du corps féminin et à leur fonctionnement.

Alors que Marcel décrit les mœurs des êtres hors normes tels que Charlus, Robert se montre fasciné par les hermaphrodites et les états intersexuels. Il publie un texte très romanesque : *Adèle H*[2]. Voici le rapport qui est resté d'un examen fait par Robert : « Un individu trapu, vigoureusement constitué dont la taille mesure 1 m 44… L'ensemble du visage n'a pas de caractère bien marqué. Une barbe rare forme de petites touffes épaisses sur les joues, le menton. À peine une légère moustache ombrage la lèvre supérieure. Le visage est doux et les yeux, qui sont gris-bleu, ont une expression plutôt féminine. En revanche, le développement des maxillaires serait plutôt masculin. » À trente ans, cet homme-femme eut enfin un amant (après avoir « connu » bien des femmes) qu'il continua

1. Robert Soupault, *Marcel Proust du côté de la médecine*, *op. cit.*
2. *Cf.* Christian Péchenard, *Proust et son père*, Quai Voltaire, 1993.

de tromper avec la gent féminine. De ce cas, Robert fit une communication scientifique avant de se tourner vers celui d'un homme « qui avait été marié comme femme pendant douze ans et avait rendu son mari parfaitement heureux », cite Christian Péchenard dans son livre sur Adrien Proust et Marcel[1]. Il étudia aussi le cas d'une femme à barbe dont l'histoire se conclut par un curieux détail : une fois veuve, cette femme (qui était un homme), pour manifester son chagrin, la laissa pousser de manière impressionnante. Hospitalisée à la Salpêtrière, sa barbe coupée, elle se trouva placée parmi les femmes à l'hôpital Tenon dont Robert Proust fut chef de service.

Je me demande de quelle hérédité (ou influence réciproque...) découle cette curiosité commune pour l'anormalité ?

Le docteur Pozzi avait durablement marqué Robert. Personnage flamboyant, pionnier de la gynécologie, chirurgien mondialement connu, amant de Sarah Bernhardt et d'autres femmes éblouies, ami de Robert de Montesquiou dès sa jeunesse (dont il a reçu des lettres singulières) – il est évident que Robert n'a pu être son disciple pendant dix ans sans profondément ressentir la personnalité de ce médecin hors normes. À sa façon, différente mais tout aussi puissante, il fait penser à un personnage de Proust tel que Charlus.

Léon Daudet ne peut s'empêcher d'être féroce à l'égard du séduisant docteur Pozzi : « Il est bellâtre et

1. *Ibid.*

pommadé, bavard et vide. On le sent faux et emprunté jusque dans ses gestes, jusque dans le son de sa voix. » Telle n'est pas l'opinion de ses « trente mille admiratrices ». Même si on le dit bon chirurgien, Daudet ne se ferait soigner par lui pour rien au monde, « surtout s'il y avait là une glace qui lui permît de m'estafiler en se mirant[1] ». Mais Daudet était « du côté » de Marcel comme Lucien Daudet ; Marthe, l'épouse de Robert, trouvait, elle aussi, que ce docteur si brillant avait une très mauvaise influence sur son mari.

L'ambivalence exprimée par le narrateur à l'égard de Cottard, doté de quelques-uns des traits de Pozzi – vanité ; thérapeutique contestée – éclate face aux personnages qui le confrontent tels que Bergotte et d'autres artistes. Quoi qu'il en soit, avec Pozzi/Cottard, on constate qu'il n'y a rien à faire : Robert n'est jamais loin à travers les réseaux obliques de l'imaginaire, lui qui fut l'assistant admiratif de Pozzi à l'hôpital Broca.

Marcel aurait-il été jaloux de la réputation de ce docteur, membre de l'Académie de médecine, et surtout de l'ascendant qu'il avait pris sur Robert ? Tout est possible. « Je suis jaloux à chaque minute, à propos de rien », avait-il avoué à René Peter. À travers Cottard/Pozzi, Marcel aurait-il aussi visé Adrien, le père tout-puissant à la célèbre carrière ? L'image du père est détestée dans *Jean Santeuil*[2]. Encore une fois,

1. Léon Daudet, *Souvenirs littéraires*, Grasset, Les Cahiers rouges, 1968.
2. Marcel Proust, *Jean Santeuil*, La Pléiade, 1971.

plus que de la mère, le fils paraît envieux de ceux qui, proches d'elle, sont les sujets d'une jalousie première, profonde et camouflée : la jalousie des « hommes de la mère ».

Ce qui frappe le plus dans les vies parallèles des deux frères, ce sont certains traits de leur caractère : le goût de la technique, certes, mais aussi celui d'aller plus loin, de trouver que l'observation ou le diagnostic ne suffisent pas ; qu'il faut, après l'opération chirurgicale, continuer à suivre le malade comme, dans un roman, les faits exigent d'être prolongés par leur interprétation. Le docteur Robert Soupault avait été frappé par leurs affinités : « Même lenteur, même longueur, même invention paradoxale, mêmes réticences ; la phrase chirurgicale de Robert est bien la sœur de la phrase littéraire de Marcel[1]. » Et Jean Rostand avait salué en Robert le même intérêt que celui de Marcel pour la nature humaine : « Si Robert Proust aborda la médecine, c'est qu'il n'eût pu se contenter de travailler dans l'abstrait et aussi parce qu'il fallait, à ce grand sensible ouvert à toutes les curiosités comme à toutes les pitiés, le contact incessant avec la vie fut-elle douloureuse, le commerce quotidien avec la misérable et passionnante créature humaine[2]. »

1. Robert Soupault, *Marcel Proust du côté de la médecine*, *op. cit.*, note 2.

2. Colloque « Proust et la médecine », *in* Alain Laugier, *La Gazette du CHU*, 28 novembre 1992.

Dans *La Recherche*, le rapport entre frères est souvent caricaturé pour ses faux-semblants et son indifférence : « Dans certaines familles menteuses [allusion aux mensonges conjugaux d'Adrien et Robert ?] – un frère venu voir son frère sans raison apparente et lui demandant dans une incidente, sur le pas de la porte, un renseignement qu'il n'a même pas l'air d'écouter, signifie par cela même à son frère que ce renseignement était le but de sa visite, car le frère connaît bien ces airs détachés, ces mots dits comme entre parenthèses à la dernière seconde, car il les a souvent employés lui-même[1] », attitude que le narrateur ne cesse d'adopter, les « incidentes » dévoilant parfois la vérité cachée.

La relation fraternelle est ici stigmatisée mais celle avec le père n'est pas davantage privilégiée. Si le chirurgien Adrien est absent de *La Recherche*, le narrateur a pourtant un père qu'il juge aussi sévèrement qu'il l'a été par lui, pour finir par se questionner : « [...] peut-être chez mon père lui-même, la froideur n'était-elle qu'un aspect extérieur de sa sensibilité. » De toute façon, le narrateur se méfie des liens familiaux : « C'est la trop grande ressemblance qui fait que, malgré l'affection, et parfois plus l'affection est grande, la division règne dans les familles[2]. »

Tout est dit qui peut s'appliquer à Marcel et Robert dans cette relation qui suppose l'ambiguïté

---

1. Marcel Proust, *À la recherche du temps perdu,* « La Prisonnière », La Pléiade, Jean-Yves Tadié, t. III, p. 617.

2. *Ibid.*, p. 616.

d'un trop grand attachement caché sous une indifférence simulée. Les frères et le père ont pourtant un fond commun dû à l'hérédité ; le narrateur se souvient de ce que l'on disait de son père et de la pudeur de sa sensibilité. Pas de mère, ici, pas de sœur, mais un frère et un père qui ne deviendront jamais des « personnages », même si certains médecins de *La Recherche* leur doivent quelques traits. Un silence pudique les préserve et les accompagne.

Tel n'est pas le cas des frères Guermantes. Alors que le narrateur est fils unique, que Robert est évacué de l'œuvre, Proust insiste sur le contraste entre ce couple de frères (Basin, le frère aîné, douzième duc de Guermantes, et Charlus, le frère cadet). Basin incarne la famille et ses rapports difficiles tels qu'ils sont décrits dans *Jean Santeuil*. Il subit la hantise de l'hérédité ; confond la vie d'un homme avec son œuvre, la création de l'artiste avec sa vie. Il projette sur les autres un regard violent comme Jean Santeuil révolté contre la sévérité psychologique de son père qui évoque celle d'Adrien. Il est le frère procréateur alors que Charlus est tout le contraire d'un père à l'origine d'une lignée. Son caractère est d'une seule pièce, sans ces intermittences, ces évolutions, ces étapes qui ponctuent la vie du narrateur tout comme celle de Charlus, tantôt viril tantôt efféminé, tantôt amoureux, tantôt cruel au point de vouloir tuer l'être « aimé ».

Seul couple de frères dans *La Recherche*, ils sont aux antipodes l'un de l'autre. Ce qui les réunit, c'est leur origine commune et le fait que Basin et Charlus partagent chacun quelque chose de « monstrueux » : le contentement de soi insolent de Basin ; le sadomasochisme pathétique de Charlus ; la mondanité effrénée de Basin, le snobisme esthétique et sensible de Charlus. Tout se passe comme si Marcel-le-narrateur avait voulu prouver, à travers eux, la complexité inséparable d'une relation fraternelle.

D'ailleurs, certaines lettres de Marcel à Jacques Bizet démontrent que les rapports entre les frères Proust n'étaient pas toujours au beau fixe et combien les « amitiés amoureuses » de Marcel inquiétaient sa famille.

(Vers mai ou juin 1888) [1]

Mon cher Jacques,

J'ai très besoin de ton amitié. J'ai beaucoup d'ennuis, ma famille est très mal pour moi. Je crois que je vais être envoyé comme interne en province. Veux-tu être mon réservoir ? Ma seule consolation quand je suis vraiment triste est d'aimer et d'être aimé. Et c'est vraiment toi qui réponds à cela, le toi qui a eu tant d'ennuis au commencement de l'hiver, le toi qui m'a écrit l'autre jour une lettre exquise.

Je t'embrasse et t'aime de tout mon cœur.

Marcel

Mme Proust veillait sur ces amitiés un peu exaltées, causes de perturbations familiales comme le

1. Marcel Proust, *Lettres*, Plon, 2004, p. 72, 74, 75.

prouve cette autre lettre à Jacques Bizet (peu avant le 14 juin1888) :

À Monsieur Jacques Bizet, la lettre qui m'a le plus coûté d'écrire de toute ma vie.

Chéri,

Pourquoi, vois-tu, je n'en sais rien. Et pour combien de temps ? Peut-être pour toujours, peut-être pour quelques jours – Pourquoi ?... peut-être parce qu'elle redoute pour moi cette affection un peu excessive, n'est-ce pas ? et qui peut dégénérer (elle le croit peut-être) en... affection *sensuelle*... peut-être parce qu'elle suppose que tu as trop en général les mêmes défauts que moi (esprit indépendant, nervosité, esprit désordonné ; peut-être même onanisme). Comment ? je ne sais. Peut-être à ta figure, peut-être pour avoir entendu mon frère parler de toi, ou M. Rodrigues, ou sera-t-elle entrée pendant que [mon] frère parlait de toi avec Baignères, ou mon frère aura-t-il dit du mal de toi, parce que nous sommes souvent mal ensemble, mais surtout je crois à cause de moi, de mon affection excessive pour toi, ma mère m'a d'abord demandé de ne pas te voir. Sur mon refus énergique, elle m'a du moins défendu d'aller chez toi ou de te voir chez moi.

Scène furieuse, désespoir lent, menaces, mauvaise santé (excepté un certain jour, mais immédiatement après elle est revenue à sa décision première), rien n'y fait. Oh ! ce matin, chéri, quand mon père m'a vu, qu'il m'a supplié de cesser au moins quatre jours de me masturber, il m'eût été facile de dire : je le fais parce que, etc. je ne le ferai plus si... mais non. Tu ne le voudrais pas. Je ne veux pas que mon

« chéri » soit chez moi comme un proscrit toléré, si j'arrive à démontrer que tu es un être délicieux, ce jour-là tu viendras chez moi, choyé. Et s'il ne vient pas, ce jour, eh bien ! je t'aimerai extra-muros. Et je ferai d'un café notre domicile à deux. Mais pardon, je te parle comme à un ami suprême et je te connais à peine et tu dois me trouver collant. J'ai fait ce que tu m'avais demandé. Je t'assure que ce n'est pas sans douleur. J'espère que tu m'en seras reconnaissant.

M.P.

Le rôle de Robert paraît ici très ambigu. Aurait-il été jaloux, lui aussi ?

La relation jalouse de Robert de Saint-Loup avec Rachel préfigure celle du narrateur avec Albertine comme pour rapprocher l'auteur de ses personnages et les fusionner dans les mêmes problèmes sentimentaux. Ils éprouvent les mêmes symptômes d'une jalousie prédatrice suivie de désillusion et se retrouvent dans la découverte progressive des défauts de l'autre, que ce soit Rachel, Odette ou Albertine « vues de près », comme si elles étaient examinées dans un cabinet médical. Rachel révélera ses défauts – boutons sur la figure, taches de rousseur invisibles sur scène – selon le processus de l'altération habituelle de l'amour.

Tout comme Marcel dans la vie, Robert de Saint-Loup essaye de retenir Rachel avec des cadeaux et de l'argent : les pourboires séducteurs sont transférés sur ce personnage. Le narrateur n'a jamais compris comment Robert a pu être séduit par Rachel : « Et, en effet, la regardant tous les deux, Robert et moi, nous ne la voyions pas du même côté du mystère[1]. » L'opération négative se met alors en marche. Après les détails physiques vus de près, survient la négation de l'oubli. Rachel peut devenir ce qu'elle veut, Saint-Loup s'est complètement détaché d'elle. On devine la satisfaction du narrateur qui se complaît à décrire les joies paisibles de l'indifférence. Néanmoins, quand Saint-Loup épousera Gilberte, il continuera à entretenir Rachel grâce à la fortune de sa femme. Que de procédés sont ainsi reliés, à travers la fiction, pour évoquer les relations entre ces deux frères !

1. Marcel Proust, *À la recherche du temps perdu,* « Le côté de Guermantes », La Pléiade, Jean-Yves Tadié, t. II, p. 458.

La maladie et les médecins

Il faut bien l'avouer : le thème principal de *La Recherche* est la maladie, que ce soit l'asthme, l'insomnie, la « maladie » d'amour ou la jalousie. Il y a au moins sept personnages importants : Léonie, Bergotte, Charlus, Saniette, la grand-mère, la Berma, Swann dont la mort donne lieu à d'inoubliables méditations. Tout se passe un peu comme si la santé était aussi peu la cible principale que ne l'est le bonheur. Ce qui captive le narrateur, ce sont les états qui dépassent l'ennui, la normalité et les petites joies, pour atteindre à ces états qui intéressent la psychologie et la psychiatrie, donc les médecins. Cette obsession de l'univers médical (où sévit bien souvent le ridicule) démontre combien le narrateur se méfie du monde d'Adrien et de Robert. Se méfie du nombre inouï de médicaments dont Marcel a pu se servir comme s'il avait voulu se venger de la façon dont les hommes de la famille avaient souvent traité ses maux de maladies entretenues, pour ne pas dire imaginaires. Tante Léonie incarne, à ce point de vue comme de tant d'autres, Marcel Proust lui-même. Il semble que

Marcel, au cours de sa vie, a préféré s'adresser à tous les médecins du monde plutôt qu'à Robert.

Je ne connais pas beaucoup de textes littéraires où pullulent à ce point les termes médicaux. Si la maladie tient une si grande place dans la vie et l'œuvre, c'est que Marcel réussit alors à devenir Robert dont il prend la place dans la hantise d'un chassé-croisé obsessionnel : devenir l'autre, pour l'effacer. Jeanne Proust incarne la maman-infirmière qui donne de la réalité au monde clos et fictif dans lequel l'enfant veut se retirer loin des hommes sains, puissants et virils. À travers le renversement cher au narrateur, la santé représente quelque chose de borné ; elle manque d'imagination et de la connaissance essentielle pour Marcel : celle de la douleur.

Les analyses médicales, que l'écrivain fait lui-même des malades dans *La Recherche*, sont admirablement dépeintes « par le génie clinique de Proust » comme l'écrit Serge Béhar[1]. Ainsi la lente déchéance de Charlus est très précisément disséquée avec ses changements visibles, tout comme un paralytique ou un ataxique qui finissent fatalement par présenter certains symptômes. « C'est que son inversion le domine au point que tous se rendent compte de ses passions devenues névrotiques, Charlus montre combien il est un expert du "vice", au point que le docteur Brichot s'exclame : "Si jamais le conseil des facultés décide

1. Serge Béhar, *L'Univers médical de Proust*, Cahiers Marcel Proust nº 1, Gallimard, 1970.

d'avoir une chaire d'homosexualité, je vous fais proposer en première ligne." »

Une pneumopathie le terrasse. Son corps est la victime de troubles artériels si bien que Serge Béhar, dans son étude, suit avec perspicacité la courbe de la maladie infligée par Marcel-le-narrateur au Baron qui devient sénile. Et le critique remarque combien cette observation scientifique donne toute son étoffe au personnage.

Marcel avait décidé de décrire le milieu médical dans *La Recherche* : il l'avait écrit à Madame de Noailles[1]. Ce même milieu fut décrit par Léon Daudet dans ses *Souvenirs*[2] précédés par un portrait mordant et brillant de « l'imperator Charcot ». Souvenirs qui rejoignent la pensée ironique, parfois caricaturale, avec laquelle Marcel décrit les amis de son père. « On se représente difficilement, écrit Daudet, aujourd'hui, tout le prestige dont jouissaient la médecine et les médecins dans la société matérialiste d'il y a trente ans. Le "bon docteur" remplaçait le prêtre, disait-on, et la haute influence morale et sociale appartenait aux maîtres des corps, aux dispensateurs des traitements et des régimes. Il semblait entendu que les savants étaient des hommes à part, échappant aux passions et aux tares habituelles, toujours désintéressés, souvent héroïques, quelquefois sublimes. Piliers de la République, bénéficiant de toutes les décorations et des hautes faveurs du

1. Philip Kolb, *Correspondance*, t. V, Plon.

2. Léon Daudet, *Souvenirs littéraires*, Grasset, Les Cahiers rouges, 1968.

régime, disposant des secrets de famille, de la vertu des femmes et suspendant la menace héréditaire sur la tête des enfants, ceux que j'ai appelés les "morticoles" régnaient à la fois par la ruse et la terreur. Bientôt la vogue des chirurgiens et de leurs mirifiques opérations, fréquemment inutiles, vint compléter cette tyrannie des bourreaux de la chair malade[1]. »

Marcel se garde bien de cette virulence et la remplace par la dérision, mais le but est le même. Léon Daudet, qui avait fait sa médecine, et appuyé Marcel pour le prix Goncourt, tenait à soutenir le talent de l'artiste face au « savoir » scientifique, lui qui a tant aimé la peinture, la musique et la littérature.

Dans *La Recherche*, il est souvent fait allusion aux vrais médecins : Charcot, Potain, Dieulafoy, Brissaud qui a écrit *L'Hygiène des asthmatiques*, préfacé par Adrien Proust. D'où tant de praticiens fictifs, dont le docteur Percepied médecin de Combray ; le docteur du Boulbon, admirateur de Bergotte, spécialiste des maladies nerveuses ; le docteur Cottard qui soigne la grand-mère dans *La Recherche* : « Cet imbécile était un grand clinicien », déclare le narrateur, et encore deux médecins à Balbec.

Mais ceux qui ont joué, dans la vie de Proust, un rôle capital – malgré les apparences – sont évidemment son père Adrien et son frère Robert.

Qu'Adrien Proust et son fils Robert qui a choisi la même voie médicale aient formé un clan dont Marcel

1. *Ibid.*

a dû se sentir exclu fait ressortir les difficultés qui ont opposé les deux frères. C'est avec un certain étonnement que l'on peut lire la lettre écrite par Marcel à sa mère trois jours après les obsèques de son père :

> Ma chère petite Maman,
>
> je t'écris un petit mot pendant qu'il m'est impossible de dormir pour te dire que je pense à toi : j'aimerais tant et je veux si absolument pouvoir bientôt me lever en même temps que toi ; prendre mon café au lait auprès de toi. Sentir nos sommeils et notre veille répartis sur un même espace de temps aurait pour moi tant de charme. Je m'étais couché à une heure et demie dans ce but, mais ayant eu besoin de me relever une seconde pour aller au cabinet, il m'a été impossible de retrouver mon épingle anglaise (qui ferme et rétrécit mon caleçon). D'autant que ma nuit était finie, mon ventre n'était plus maintenu. J'ai cherché à en trouver une autre dans ton cabinet de toilette, etc. et n'ai réussi qu'à attraper un fort rhume dans ces promenades (fort est une plaisanterie) mais d'épingle pas. Je me suis recouché mais sans repos possible [...]

et ainsi de suite, pour terminer par une dernière phrase (après avoir signé) :

> Je sens que je vais très bien dormir maintenant[1].

Ainsi Marcel n'hésite pas, après la mort de son père, à mettre tout l'accent sur l'épingle de son caleçon et

1. Lettre citée *in* Christian Péchenard, *Proust et son père*, Quai Voltaire, 1993.

son insomnie malgré son désir de vivre au rythme de sa mère. Lettre d'un égocentrisme enfantin, qui en rappelle tant d'autres à Jeanne Proust où Marcel n'hésite pas à lui confier les détails intimes de ses organes. C'est lui le malade, et c'est lui qui sait pourquoi il l'est. Il ne faut pas s'attendre à ce qu'il vive une vie « normale ». Il y aura toujours une épingle de caleçon pour l'en empêcher et pour expliquer combien il a plus d'ennuis que Robert, mais n'a pas besoin de lui pour se soigner.

Les articles qui célèbrent Adrien après sa mort insistent sur les qualités de Robert alors que Marcel est « un charmant écrivain et un charmant poète ». D'ailleurs, à l'enterrement, beaucoup ont cru que Robert était l'aîné, Marcel étant tellement malingre. Peut-être a-t-il été conscient de ce fait qui a pu l'encourager dans sa passion d'inverser les situations dans l'imaginaire ?

Le livre du Dr Brissaud, *Hygiène des asthmatiques*, dont Marcel a fait (d'après Christian Péchenard) son livre de chevet, est écrit avec une lucidité qui a dû lui paraître cruelle. Cette lecture a peut-être encouragé ses symptômes : « L'asthme semble choisir quelques victimes, écrit Brissaud, pour leur faire payer l'invulnérabilité des autres. La névrose cesse alors d'être protectrice. Elle entame si profondément l'organisme, elle redouble si impitoyablement ses coups, que les plus robustes succombent. Du moins, s'ils ne meurent pas, sont-ils réduits à une manière de misère physiologique […] Les bases du poumon se congestionnent, les extrémités se cyanosent, se refroidissent et ils meurent[1]... » On comprend l'angoisse de Marcel à lire de telles analyses dans un livre préfacé par son père : les médecins n'ont pas su soigner son asthme et d'ailleurs Adrien rejette la faute sur la mère qui aurait favorisé « l'hypersensibilité » du fils aîné.

Dans la famille du père beauceron, la neurasthénie ne manque pourtant pas : la grand-mère Torcheux, la tante Élisabeth Amiot (tante Léonie dans l'œuvre), en sont la preuve. L'origine beauceronne d'Adrien est une source non négligeable du mouvement inversé qui structure *La Recherche* avec ses continuels retours en arrière vers Illiers-Combray, et donc vers la famille paternelle. Adrien avait écrit, dans son *Hygiène des neurasthéniques*, que la mémoire de ces malades est plus faible que celle des êtres en bonne santé : « L'évocation de souvenirs est défectueuse parce qu'ils sont impuissants à soutenir l'effort d'attention nécessité par *la recherche du souvenir perdu*[2]. »

Encore une raison pour que *La Recherche* soit entièrement basée sur la mémoire et devienne un défi lancé au père et au frère complices à travers la médecine. Les mots d'Adrien sur le « souvenir perdu » auraient-ils pourtant inspiré son titre à Proust ? Et le *souvenir perdu* serait-il cette connivence entre les deux frères liés par le passé ?

Conscient d'être incapable de guérir la maladie de son fils, Adrien se réfugiera souvent dans des banalités face aux extravagances de Marcel. On lit avec stupé-

1. *Ibid.*, p. 208.
2. C'est moi qui souligne.

faction ses commentaires dignes de Cottard sur les « séjours à la campagne bons pour la santé », ou bien ses affirmations évidentes telles que « un baryton ne peut pas être un ténor ». On imagine l'exaspération réciproque du père et du fils et combien les rapports entre Adrien et Robert devaient être plus aisés et féconds.

Les silences observés par Adrien, son indulgence à l'égard de son fils aîné, n'empêchent en rien sa lucidité qui lui permet de préfacer les descriptions féroces du docteur Brissaud. Les origines d'une œuvre génèrent souvent une situation équivoque : la démarche médicale d'Adrien et de Robert n'a-t-elle pas dû inspirer à Marcel une double révolte – « oui, je serai malade puisqu'ils font une description si dégradante de *ma* maladie », et, « oui, malgré ce qu'ils prétendent sur la mémoire déficiente, je leur montrerai les illuminations et les reviviscences de la mienne. D'ailleurs, je serai mon propre médecin ». Aussi Serge Béhar conclut-il (dans *L'Univers médical de Proust*) que *La Recherche* « a été écrite par un médecin avant la lettre [1] ».

Beaucoup d'événements séparaient donc Marcel de son père, même si c'est grâce aux célèbres dîners de la famille qu'il a pu pénétrer dans le monde médical, faisant la connaissance de praticiens connus tels que Potain, Fournier, Broca, Pozzi, Brissaud et bien d'autres. Ces dîners furent l'objet de plaintes communiquées à Jeanne Proust dans une lettre au ton amer : « Je ne comprends pas pourquoi ces dîners, possibles

1. Serge Béhar, *L'Univers médical de Proust*, *op. cit.*

quand ils sont utiles à papa ou à Robert et pour lesquels mon concours, pourtant plus difficile à donner dans mon état de santé que dans le vôtre, ne vous a jamais fait défaut, deviennent impossibles quand il s'agit de dîners utiles pour moi[1]. » Ou encore, se plaignant à celle qu'il traite comme une intermédiaire recevant revendications et menaces : « Quant au fait même du dîner que tu appelles avec tant de délicatesse un dîner de cocottes, il aura lieu à une date qui n'est pas encore déterminée… c'est au restaurant que je le donnerai inévitablement puisque tu me refuses de le donner ici. Je ne me fais aucune illusion, bien que tu dises que tu n'agis pas par représailles, tu ne me donneras pas pour le donner au restaurant, une somme représentant ce qu'il aurait coûté ici et ceci est d'autant plus singulier que Calmette, pour ne prendre que lui, ou Hervieu sont aussi utiles pour moi que Lyon-Caen pour papa, ou ses chefs pour Robert[2]. » Finalement, comme dans la scène mythique du baiser « permis par le père », Adrien s'était effacé, laissant à son fils le soin de faire les honneurs de ce beau dîner au cours duquel « l'esprit le plus parisien n'a cessé de pétiller », écrira le journaliste du *Gaulois* (le 25 mai 1897), article dont on dit que c'est Marcel Proust lui-même qui a écrit le texte.

Dans son livre (connu de Marcel), *Hygiène des neurasthéniques,* Adrien insiste sur les dangers d'une sensibilité exacerbée. Pénétré des humanités grecques

1. Cité *in* Christian Péchenard, *Proust et son père, op. cit.*
2. *Ibid.*

et latines, le grand chirurgien considère que les « professions cérébrales » encouragent la persévérance dans les études mais qu'elles engendrent une sensibilité aiguë qui fragilise. Dans son *Traité d'hygiène*[1], Adrien observe que « les savants et les artistes ne subissent pas les mêmes atteintes de l'âge après cinquante ans que les autres hommes ». Pourtant, la vie intellectuelle génère une excitation nerveuse « dangereuse dans le domaine génésique ». Et il va jusqu'à condamner le rite du voyage de noces et ses « trépidations » juste après l'initiation sexuelle qui a déjà suscité des « phénomènes d'irritation du côté de l'utérus et de ses annexes. »

Ainsi se complètent ses deux volumes sur l'hygiène dont le premier semble écrit pour ce qu'on pourrait nommer, à l'époque, « l'homme universel » et « normal » ; et le second : « l'homme cérébral » – donc Marcel.

Christian Péchenard écrit : « Adrien Proust n'a eu pour son fils aucune complaisance et son pardon était une condamnation. » L'auteur continue ainsi : « Son fils, alors, a compris qu'il ne pourrait pas jouer les enfants délicats, les poètes incompris, les génies désœuvrés, tous rôles que sa mère lui proposait avec une gourmandise d'ogresse [...] Il a seulement fait semblant d'être ce qu'il craignait de devenir. »

1. Adrien Proust, *Traité d'hygiène*, Masson, 1881 ; *cf.* l'article in *La Gazette du CHU*, 1955.

L'essayiste montre ce qui m'a toujours frappée : l'importance du père, sa sévérité de modèle impressionnant. Il m'a toujours semblé que l'amour névrotique mère-fils, dû à l'imaginaire de *La Recherche,* existait afin de diminuer le pouvoir paternel et que, le dissimuler, à la manière de l'occultation de Robert, cachait une admiration complice. *La Recherche* ne cesse de camoufler le réel. Dans cette immense transposition romanesque, la mère remplace les hommes absents (Adrien et Robert) tandis que Marcel se dissimule derrière le narrateur.

Si bien des retours psychologiques et affectifs ont lieu autour d'Illiers, entouré des villages aux confins de la Beauce et du Perche – Vieuvicq, Méréglise, Mirougrain, Roussainville –, c'est en fait à Illiers même qu'ils ont lieu, là où Adrien Proust est né en 1834. Dans cette œuvre, où la mythique Léonie est inspirée par la sœur d'Adrien et incarne tant de traits propres à Marcel, c'est donc le lien avec le lieu paternel qui est le véritable cadre de l'enfance. Chaque année, en effet, Adrien Proust allait à Illiers quelques jours à Pâques, et c'est toujours à cette époque que le narrateur (devenu fils unique) ira voir « Tante Léonie ». Puisque tout dans *La Recherche* est transposition, inversion, ne serait-ce pas la personne du Père que Marcel-le-narrateur recherche au fond de son inconscient, ainsi que l'affection du frère qui lui a volé une part de sa place en naissant ? Les deux amis, Robert Le Masle et Robert Proust, ont refait ensemble, en 1935, le même voyage qu'Adrien avait fait en famille, à Illiers, en 1880, à Pâques. C'était juste avant la mort de Robert, le 29 mai 1935. Les aubépines rapportées par les deux amis à Paris n'étaient plus, à cette date fatale, que pétales desséchés.

Quelle étrange substitution que celle d'Auteuil par Illiers ! De la grande maison aux multiples fenêtres par la petite maison du village, achetée par Jules Amiot qui y vivra jusqu'à sa mort en 1912. Riche commerçant, propriétaire de plusieurs maisons à Illiers et du terrain du « Pré-Catelan », la maison de « tante Léonie[1] » deviendra sa propriété.

On le voit : tout ce qui se passe à Illiers a lieu « du côté » du père où fraternisent les deux beaux-frères Adrien et Jules. C'est un monde masculin qui règne ici comme dans *Jean Santeuil.* Sans doute discutent-ils de la santé de « Léonie », toujours alitée, toujours malade et qui, peu à peu, prendra la place romanesque des hommes. On retrouve ce dont il s'agit si souvent dans l'univers proustien : « prendre la place de ».

J'ai toujours pensé que l'on écrivait *contre*, ce qui permet d'insister sur ce dont on a besoin : dans *La Recherche,* c'est l'art, la nature, le succès, le social, la réconfortante tendresse de la mère. Si l'œuvre s'attaque si souvent à la médecine, n'est-ce pas justement *contre* le sentiment d'être exclu par les deux

1. Diane de Margerie, *Marcel Proust : Marcel et Léonie*, Christian Pirot, 1992.

médecins aimés, admirés, jalousés ? Adrien et Robert ne sont jamais visés directement mais à travers la caricature de certains praticiens. La mère serait surtout un écran des sentiments gommés par le narrateur ; elle est d'ailleurs transformée en grand-mère au moment de sa mort ce qui exprime un certain dédoublement dans l'imaginaire. Les personnages féminins dissimulent presque tous d'autres amours – Albertine cache ses amours lesbiens ; ce n'est pas la duchesse de Guermantes que le narrateur poursuit mais Saint-Loup, son neveu etc., d'où la structure même de l'œuvre avec ses inversions et ses transferts. À travers les masques du narrateur, l'omission du frère, la métamorphose de l'ami de cœur (Robert de Saint-Loup), la transposition des souvenirs d'Auteuil à Illiers, on peut dire que *La Recherche* est une des plus grandes fictions jamais écrites sur le mensonge.

Médecins réels, médecins fictifs

Oui, Marcel l'avait bien écrit à Madame de Noailles : *La Recherche* devait compter un grand nombre de médecins. La dérision avec laquelle y est souvent traité le corps médical n'exprime pas seulement une « révolte » intime mais aussi la méfiance à l'égard de leur métier. À l'époque, l'insomnie et l'asthme, pourtant liés à la psychologie, sont considérés comme des maladies issues de la constitution du patient. D'où un sentiment de rébellion chez Marcel contre l'incompréhension des drames de l'enfance, contre la discipline de la normalité qui exige une coupure entre le jour et la nuit ; contre la puberté qui engendre une coupure entre l'innocence et l'âge adulte ; contre la séparation morale entre les malades et les bien-portants.

Proust n'a-t-il pas toujours été considéré par son père comme un *nerveux* ? Et son hypersensibilité n'est-elle pas la cause de son asthme ? « Dès vingt-cinq ans, remarque Dominique Mabin, Marcel parle de ses horaires et de ses sommeils difficiles dans ses “lettres-correspondance” » dont l'essayiste écrit qu'une « lecture médicale attentive... traduit le cheminement d'un comportement pathologique vers une fin inexorable et précoce[1] ». Les médecins eux-mêmes ne savaient pas comment choisir entre les multiples médicaments dont Marcel se plaint à Reynaldo Hahn : la morphine, les inhalations de chloroforme, de térébenthine, d'ammoniaque, d'oxygène, et aussi de chanvre indien ou de belladone.

Un des seuls médecins (véritable, non fictif) dont la pensée s'harmonise parfois avec celle de Marcel, qu'il citera dans ses lettres et qu'il consultera plusieurs fois pour son asthme, est le docteur Édouard Brissaud. Tous deux se rejoignent loin des prescriptions méthodiques pour se tourner vers l'individu : « Quand une crise éclate, on doit s'inspirer de pratiques instinctivement suivies par les asthmatiques, ils sont meilleurs juges que nous », affirme Brissaud. « Il faut bien souvent tâtonner pour mettre la main sur le remède qui convient à tel ou tel malade. Dans les prescriptions d'ordre hygiénique, il faut tenir compte des réactions individuelles vis-à-vis de certaines causes... Le malade “se connaît” ; à beaucoup d'égards, il sait ce qui lui est bon, ce qui lui est mauvais. Il a une expérience qui vaut au moins la nôtre et devant laquelle on fera sagement de s'incliner », écrivait-il.

---

1. Dominique Mabin, *Le Sommeil de Marcel Proust*, PUF, 1992 ; *cf.* le colloque « Proust et la médecine », *La Gazette du CHU*, 28 novembre 1992.

Le malade « se connaît » : quelle complicité avec la pensée de Marcel ! Le portrait que Léon Daudet trace de Brissaud est d'ailleurs fort louangeur : « Il était noble, il était brave. Il était bon. [...] Au fond Brissaud fut un sentimental, un romanesque, prisonnier d'une école et d'un maître qui ne convenaient pas à son tempérament. [...] Chose étrange, il est mort d'une pachyméningite cérébrale, d'une lésion de l'organe qui l'avait toujours occupé, auquel il avait consacré des leçons souvent magnifiques [1]. »

Brissaud devait mourir en 1909 : c'est justement cette année-là qu'il fut appelé à soigner ma grand-mère Henriette Fabre-Luce. Le hasard des coïncidences proustiennes veut que je retrouve une lettre de ce médecin à son mari, Edmond Fabre-Luce, mon grand-père, au sujet de cette rencontre [2].

Paris, 6-9-09

Monsieur,

j'ai vu hier Mme Fabre-Luce, très nerveuse. J'avais eu le tort de ne pas partager son opinion sur les *fermentations gastriques* et je me refusais à lui concéder que des injections de la cadylite de soude puissent congestionner *la tête*. Je venais de l'encourager à renoncer aux idées arrêtées, à être moins crédule, moins superstitieuse, enfin à se révolter contre le convenu [mot illisible] quand elle m'a déclaré qu'elle ne me comprenait pas, que je me

1. Léon Daudet, *Souvenirs littéraires*, Grasset, Les Cahiers rouges, 1968, p. 123.

2. Collection particulière.

contredisais moi-même, que j'étais *méchant* pour elle et tout cela avec des larmes ! « Je suis une malade gentille, aimable, polie, personne ne m'a jamais traitée ainsi. » J'ai exprimé à Mme Fabre-Luce mon regret que vous n'eussiez pas été présent pour constater combien j'avais été calme et patient, et attentif et irréprochablement poli. Cette crise, en tout cas, est la preuve que je ne suis pas à la hauteur de la confiance que vous aviez en moi et je vous prie, Monsieur, d'agréer l'expression de mes sentiments les plus distingués et dévoués.

Dr E. Brissaud.

Malheureux docteur – modèle, entre autres, de Du Boulbon dans *La Recherche* – face à ma grand-mère que j'ai connue souvent irascible, levant le doigt de façon comminatoire, déclarant d'un air doctoral d'un homme qu'elle avait rencontré : « *Il est très mal* », formule maintes fois utilisée par elle, d'une voix inimitable. Comme Marcel aurait aimé voir cette scène entre médecin et malade !

Je me souviens de ma grand-mère à Cannes, toujours seule, toujours alitée, cachant son visage derrière une petite voilette tenue par un oiseau en diamants, conjurant les nuages de laisser tomber leur pluie d'été. « Tombez, tombez », disait-elle en agitant ses belles mains, « tombez, gouttes de pluie ! » et la pluie se mettrait à tomber, rêvai-je à son chevet.

Brissaud est mort depuis des décennies, ma grand-mère aussi, mais pas Du Boulbon/Brissaud qui soigne la grand-mère du narrateur dans *La Recherche* : « Au pied du lit, convulsée par tous les souffles de cette agonie, ne pleurant pas mais souvent trempée de larmes, ma mère avait la désolation sans pensée d'un feuillage que cingle la pluie [...], écrit le narrateur.

– Mais je croyais qu'elle ne voyait plus, dit mon père.

– On ne peut jamais savoir », répondit le docteur.

Réponse digne de Brissaud et qui rappelle la réflexion du narrateur au moment de la mort de Bergotte : « Mort à jamais ? Qui peut le dire[1] ? »

Une étonnante transformation a lieu après la mort de la grand-mère comme si ce personnage maternel, en disparaissant, redevenait une jeune fille, la mort permettant le retour à ce qu'elle n'a cessé d'être depuis l'enfance : « La vie en se retirant venait d'emporter les désillusions de la vie. Un sourire semblait posé sur les lèvres de ma grand-mère. Sur ce lit funèbre, la mort, comme le sculpteur du Moyen Âge, l'avait couchée sous l'apparence d'une jeune fille[2]. »

Le docteur Du Boulbon

Si Proust n'a cessé de souffrir de son asthme, le héros de *Jean Santeuil* n'a-t-il pas eu des crises nerveuses lorsqu'on veut le séparer de son ami Henri de Réveillon ? Tante Léonie, incarnation de Marcel, n'est-elle pas victime de cette névrose qu'est la jalousie à

1. Marcel Proust, *À la recherche du temps perdu*, « La Prisonnière », La Pléiade, Jean-Yves Tadié, t. III, p. 693.

2. *Ibid.*, « Le côté de Guermantes », t. II, p. 641.

l'égard de la fille de cuisine ? Le narrateur semble hésiter entre le goût de la maladie et le désir d'en discuter avec des médecins (autres que Robert). D'où l'importance du docteur Du Boulbon dans *La Recherche*, mis sur le même plan qu'un artiste : le narrateur attend de son art qu'il sache diagnostiquer les causes de ses malaises.

Si Du Boulbon est ainsi privilégié par le narrateur, c'est qu'il n'est ni chirurgien ni spécialiste de la prostate comme Adrien et Robert Proust. Bien au contraire, il appartient au domaine de l'esprit et soigne les pathologies du cerveau : spécialiste en matière cérébrale, Du Boulbon ne croit qu'à l'étude des névroses. Tout est mental chez lui. Son souci concerne la génétique plutôt que les maladies du rein. Son admiration va aux nerveux. Il exprime ce que pense le narrateur si féru de sa grand-mère et de sa mère, et se fait ainsi complice de la sensibilité féminine de son malade. Les nerveux n'ont-ils pas payé le prix du talent, de la création, de l'intelligence ? Du Boulbon est le médecin qui se dresse à travers le narrateur contre les spécialistes du corps. Pourtant, c'est la médecine traditionnelle qui finira par triompher ; c'est l'urémie qui finit par imposer la mort, et toute cette partie de l'œuvre consacrée à l'agonie de la grand-mère met en scène une sorte de duel entre la psychologie et la physiologie.

Dans ce duel, Marcel veut être des deux partis. Autrement dit : cumuler les points de vue ; être supérieur aux médecins si nombreux qu'il fréquente et devenir lui-même le médecin idéal capable de soigner ses amis. Devenir, en un mot, *le* docteur Proust. Yo Yoshida cite à ce sujet des lettres de Marcel comme celle à Lucien Daudet, qui ressemble à une véritable ordonnance :

> Mai/juin 1916[1]
>
> Je ne crois pas que tu aies de l'asthme. Tu as probablement de la dyspnée toxico-alimentaire, elle se guérit de la façon suivante : purgatif drastique (eau-de-vie allemande et sirop de nerprun) suivi de lavages intestinaux pendant deux jours. Pendant trois jours (y compris les deux jours susdits) ne prendre que du lait, c'est-à-dire même pas du sucre dans le lait, même pas de café, pas une once de pain. Activer l'action du lait en prenant un diurétique [...] au bout de trois jours, revenir au régime normal progressivement [...] Que le régime contienne le moins de viande possible, et seulement extrêmement cuite...

Ainsi Marcel devient médecin : l'automédication et l'autosuggestion sont les solutions souvent préconisées par lui comme par Du Boulbon. On remarque la richesse du vocabulaire médical dans cette lettre (dyspnée, toxico-alimentaire, purgatif drastique, diurétique, asthme). Dans la conclusion de son « ordonnance », Marcel affirme que l'expérience du malade enrichit et enseigne les connaissances du médecin.

1. Lettre de Marcel à Lucien Daudet, mai/juin 1916, *in* Yo Yoshida, *Bulletin Marcel Proust*, n° 42.

On lira aussi sa lettre au docteur Georges Linossier (1904)[1] :

> Je sais qu'au point de vue médical, il paraît beaucoup de choses différentes bien qu'à vrai dire on n'ait jamais su exactement quoi, mais je suis surtout et indiscutablement très asthmatique. Asthme de foins d'abord, mon asthme est devenu assez vite un asthme d'été puis un asthme de presque toute l'année, et à la suite de repas trop copieux, il s'est compliqué d'un état d'apparence asthmatique mais d'origine, m'a-t-on dit, intestinale et gastrique…

Marcel demande au médecin s'il recommande un établissement où se soigner. Il poursuit :

> Peut-être les renseignements suivants vous permettront-ils de vous faire une idée plus nette de mon état arthritique. Mes urines présentent un grand excès d'urée, d'acide urique, une diminution des chlorures. L'analyse ajoutait des traces impondérables d'albumine et de sucre… j'urine extrêmement peu depuis des années. Après douze jours de régime lacté, je n'atteignais pas un demi-litre par vingt-quatre heures…

Mais ce qui fascine vraiment Marcel, ce sont les affections et les soins qui concernent le mental : hystérie, neurasthénie, hypnotisme, neurologie et d'ailleurs

1. Marcel Proust, Lettre au docteur Linossier, in *Lettres*, Plon, 2004, p. 288, 289.

Du Boulbon est tellement du côté psychologique qu'il dit à la grand-mère que son albuminurie est « mentale ». (On sait que la mère et la grand-mère de Proust sont mortes d'urémie.)

Les pathologies et leur guérison dépendraient souvent de l'autosuggestion : n'est-ce pas là une manière détournée pour Marcel-le-narrateur de suggérer que tout dépend du malade – que si son asthme avait été guéri, il ne serait jamais devenu l'auteur qu'il fut ? Et si on veut une preuve de cette importance psychologique de l'asthme, il n'est que de relire l'épisode rapporté par Robert Proust au professeur Jean Bernard[1] : « Marcel Proust souffrait d'un asthme grave, raconte Robert, provoqué par les végétaux, les arbres, les fleurs, les plantes. » Aussi a-t-il dû trouver pour son frère un logement dépourvu de toute flore. Il le trouve rue Hamelin, « mais dès le premier soir survient une dangereuse et violente crise d'asthme qui met ses jours en danger. Le papier couvrant les murs de la chambre représentait des roses ».

Des roses en papier !

Comment ne pas se souvenir de la passion qu'éprouvait le jeune narrateur de *La Recherche* pour les aubépines, ces roses miniatures et odorantes aimées avant sa première « crise » d'asthme, à neuf ans, à Illiers, lui qui a dû abandonner les fleurs ?

1. Colloque « Proust et la médecine », cité par le professeur Jean Bernard, *La Gazette du CHU*, 28 novembre 1992.

Le docteur Cottard

Si Cottard paraît plus doué que Du Boulbon pour soigner les maladies du corps, il cumule les pires défauts : il est ridicule, vulgaire, socialement ambitieux et tient à sa renommée. L'ambiguïté proustienne à l'égard des médecins est ici à son comble. Seul l'artiste (tel le peintre Elstir), seule la création jouissent d'une supériorité évidente ; la lutte entre Cottard et Du Boulbon ne sert qu'à faire ressortir le pouvoir du talent. Aussi n'y a-t-il aucune conclusion possible si l'on s'en tient à comparer les mérites des différentes méthodes de soins.

Cottard, qui insinuait que la maladie de la grand-mère était sans doute une « maladie diplomatique » ; Du Boulbon qui n'a pas su soigner son urémie : comme toujours, les personnages de Proust subissent une dégradation, qu'il s'agisse de médecine, d'amour ou d'amitié. Seule triomphe la solitude du génie. « Car la médecine étant un compendium des erreurs successives et contradictoires des médecins, en appelant à soi les meilleurs d'entre eux on a grande chance d'implorer une vérité qui sera reconnue fausse quelques années plus tard. De sorte que croire à la médecine serait la suprême folie, si n'y pas croire n'en était pas une plus grande car de cet amoncellement d'erreurs se sont dégagées à la longue quelques vérités[1] », constate le narrateur dans *Le Côté de Guermantes*. Finalement,

1. Marcel Proust, *À la recherche du temps perdu,* « Le côté de Guermantes », *op. cit.*, t. II, p. 594, 595.

le drame essentiel est cette lutte entre le corps et l'esprit, car « demander pitié à notre corps, c'est discourir devant une pieuvre… »

Mais c'est Du Boulbon, l'ami de Bergotte, qui aura le dernier mot lorsqu'il parle à la grand-mère : « Supportez d'être appelée une nerveuse. Vous appartenez à cette famille magnifique et lamentable qui est le sel de la terre. Tout ce que nous connaissons de grand nous vient des nerveux. Ce sont eux et non pas d'autres qui ont fondé les religions et composé les chefs-d'œuvre. Jamais le monde ne saura tout ce qu'il leur doit et surtout ce qu'eux ont souffert pour le lui donner. Nous goûtons les fines musiques, les beaux tableaux, mille délicatesses, mais nous ne savons pas ce qu'elles ont coûté à ceux qui les inventèrent, d'insomnies, de pleurs, de rires spasmodiques, d'urticaires, d'asthmes, d'épilepsies, d'une angoisse de mourir qui est pire que tout cela, et que vous connaissez peut-être, Madame[1]. »

Souvent je me demande qui a inspiré le personnage de Cottard ? Il se peut que certaines phrases d'Adrien expliquent l'agacement du narrateur à l'égard de ce médecin. Quelques citations de *L'Hygiène des neurasthéniques* ne manquent pas d'étonner par leur banalité à la Cottard ainsi que toutes les phrases sur les mondains qui visent évidemment son fils. Les sentiments ambivalents que le narrateur éprouve à l'égard de ce docteur éclatent encore dans le choix contrasté des

1. *Ibid.*, p. 601.

personnages auxquels il est confronté tels que Bergotte, Elstir, et les artistes en général. Le portrait du médecin est acerbe. Doté d'un esprit observateur et curieux, il paraît posséder aussi quelques traits communs avec le « Maître » de Robert : le docteur Pozzi. Ainsi Robert reste toujours présent à travers les réseaux obliques de l'imaginaire, lui qui fut l'assistant admiratif et préféré du docteur Pozzi.

On remarque aussi une étrange coïncidence : le docteur Pozzi est mort assassiné par un patient mécontent – un patient qu'il avait opéré sans résultat d'une varicocèle[1] – un patient qui aurait voulu être réopéré mais Pozzi s'y refusa. Fou de rage, ce malade le tua au pistolet en juin 1918. Or Mme Verdurin dira de Cottard « qu'il avait tué assez de gens pour que ce soit son tour de diriger ses coups contre lui-même[2] ». Dans le réseau d'associations qui réunit Pozzi et Cottard, n'y aurait-il pas une certaine méfiance méprisante ?

De plus, il faut rappeler aussi qu'en 1914, ce fut Pozzi grâce à qui Marcel reçut la dispense lui permettant de ne pas aller au front. Éprouvait-il à l'égard du médecin qui avait beaucoup fait pour lui, grâce à Robert, une culpabilité : celle d'avoir été moins héroïque que son « petit frère » qui, lui, risqua sa vie et soigna les blessés sous les bombes ? Ce qui lui valut une belle citation :

1. Dilatation variqueuse des veines du cordon spermatique.

2. Marcel Proust, *À la recherche du temps perdu*, « La Prisonnière », *op. cit.*, t. III, p. 746.

Citation du médecin-Major Robert Proust[1] :

« Médecin-chef d'une ambulance chirurgicale automobile, a fait preuve dans le traitement des grands blessés d'une acuité et d'un dévouement dignes des plus grands éloges.

Grâce à ses talents professionnels, à son esprit de devoir et son travail ininterrompu de jour et de nuit, a réussi dans des installations sommaires où les opérations étaient faites à proximité des tranchées ennemies, à sauver un grand nombre de vies humaines rendant ainsi à l'Armée et au pays les plus éminents services ».

Non seulement Robert était doué d'un courage exceptionnel, mais aussi d'un goût de la recherche qui lui fit comprendre l'importance du radium en chirurgie. « Ses recherches portent plus spécialement sur les cancers du rectum, de l'utérus, du sein, de la langue. Il fut – insiste toujours Laugier – ce que bien peu de nous seraient capables de devenir : un radiochirurgien. »

1. Citation du médecin-major Robert Proust, chef de l'ambulance chirurgicale n° 1 – 9 mars 1916, colloque « Proust et la médecine », cité par Alain Laugier, *La Gazette du CHU*, 28 novembre 1992.

Le défi de Bergotte

Le plus grand défi jeté de biais par Marcel à Robert et Adrien est sans doute le récit de la mort de Bergotte dont l'œuvre assure une certaine immortalité. Immortalité que, malgré tout leur « savoir », aucun scientifique n'a pu donner à son malade. Après sa mort, les livres de Bergotte continuent d'orner les vitrines illuminées. Cette mort « extra-temporelle », pour reprendre le mot cher à Marcel, survient après des pages particulièrement ironiques sur les praticiens qui se contredisent les uns les autres. Aucune vérité, aucun traitement valable ne seront à retenir. Certains médecins « conseillèrent à Bergotte de ne pas lire de contes terrifiants (il ne lisait rien), de prendre davantage de soleil indispensable à la vie (il n'avait dû quelques années de mieux relatif qu'à sa claustration chez lui), de s'alimenter davantage (ce qui le fit maigrir et alimenta surtout ses cauchemars) [1] ».

1. Marcel Proust, *À la recherche du temps perdu*, « La Prisonnière », *op. cit.*, t. III, p. 690.

Justement, Bergotte est soigné – si on peut dire – par un médecin « contredisant » qui se contredit lui-même, aussi revint-il à l'un de ses premiers docteurs « qui se piquait d'esprit », surtout devant un grand écrivain. À lire ces pages, on se dit que la mort est une délivrance loin des agitations médicales inutiles et on se souvient du moment où, dans *Jean Santeuil*, C., mourant (qui a souffert du « rhume des foins »), se réconcilie avec la campagne où il n'a pu retourner à cause de sa maladie, et déclare à un ami : « [...] vous me voyez guéri par le seul médecin auquel nous n'avons pas pensé. Vous savez que les Grecs le disaient : "La mort est le grand médecin parce que seul il nous guérit de nos maux[1]." »

À force de traitements, d'écouter des conseils, le mal de Bergotte s'aggrave ainsi que ses cauchemars. Il se réfugie alors dans les narcotiques et, après avoir essayé plusieurs médicaments, décide de revoir son tableau préféré de Vermeer. C'est là, « devant la précieuse matière du petit pan de mur jaune » déjà tant aimé, qu'il finit, après s'être abattu dans un canapé, par rouler à terre : « Il était mort. Mort à jamais ? Qui peut le dire ? »

Ainsi, malgré la science, nous ne savons rien de ce qui nous attend. Ce que le narrateur insinue, c'est

---

1. Marcel Proust, *Jean Santeuil*, précédé de *Les Plaisirs et les Jours*, La Pléiade, Pierre Clarac, avec la collaboration d'Yves Sandre, p. 200.

que la mort de Bergotte a eu lieu devant une œuvre d'art peu connue et magnifique ; que ses livres vont continuer d'orner les vitrines éclairées et qu'il existe un espoir pour l'artiste contrairement aux soins qui finiront par prouver médicalement la mort. Les journaux ne sont pas plus précis que la science : ils se sont trompés sur la date de la fin de Bergotte d'après les dires d'Albertine qui prétend l'avoir rencontré « alors qu'il était déjà mort ». Comme souvent, elle avait menti. Si bien que la mort de Bergotte devant le merveilleux « pan de mur jaune » sert à démontrer le contraste entre la création et la science, entre la création et la rumeur, entre la création et la fausseté des « nouvelles », des diagnostics, de l'amour trompeur tous mis sur le même plan. La résurrection possible, l'espoir d'immortalité ne sont permis qu'à l'artiste.

C'est pourquoi Bergotte est tant admiré par Du Boulbon qui, « pour lire son dernier livre paru faisait attendre ses malades » dans son cabinet de consultation, près de Combray[1].

Parmi les plus belles pages de Proust se trouvent celles sur la mort de la grand-mère et celle de Bergotte. La grand-mère concentre toute l'attention du narrateur, elle qui se fond avec la mère de Marcel dans l'imaginaire. Il n'est guère question d'un autre témoin, d'un autre petit-fils dans ces pages où Robert est

1. Marcel Proust, *À la recherche du temps perdu*, « Du côté de chez Swann », *op. cit.*, t. I, p. 93.

plusieurs fois nié dans sa qualité de fils, de petit-fils et de frère.

Le docteur Percepied

À travers *La Recherche*, Marcel Proust semble parfois préférer le vulgaire mais réaliste Cottard au poétique Du Boulbon, le médecin traditionnel qui connaît les secrets du corps à celui qui affirme que tout est mental parce qu'il juge l'automédication du « docteur Marcel Proust » supérieure aux soins des docteurs Adrien et Robert. C'est toutefois le docteur Percepied, peu connu et soignant peu de malades, mais médecin à Combray, qui emporte ses faveurs.

Pourquoi ce praticien est-il privilégié, lui qui ne parle presque jamais de la science, qui n'a que trois malades ? Parce qu'un jour où la famille du narrateur se traînait sur la route de Martinville-le-Sec, il l'a recueillie dans sa voiture où le narrateur aura une vision capitale : celle des deux clochers de Martinville qui vont se confondre avec le clocher de Vieuvicq. Cette vision, création de l'esprit, l'enchante comme « s'il avait pondu un œuf ». Encore faudrait-il pouvoir la cerner et *l'écrire*.

Tandis que le docteur Percepied s'arrête sur le chemin pour prodiguer des conseils à l'un de ses patients, le narrateur, lui, désire noter ce que la fusion de ces trois clochers lui inspire. Il demande donc au docteur Percepied de quoi écrire. C'est ainsi que, grâce à un médecin, le narrateur peut exprimer une des sensations les plus importantes de *La Recherche*.

Et c'est ainsi que le médecin vient en aide au créateur non pas à travers la science, mais en collaborant à sa vision. Grâce au docteur Percepied – dont l'origine du nom vient d'Illiers – modeste, discret, généreux, est enfin réalisé le désir de juxtaposer l'acte d'un artiste et celui d'un médecin qui vient de soigner son patient. C'est une des seules instances où l'on ne trouve, chez le praticien, aucune affirmation qui tranche entre le cérébral et le charnel. Innocent de toute ambivalence, le docteur Percepied est un des seuls qui aide le narrateur-écrivain à traduire sa révélation en mots.

Toutefois, il n'y a pas que Martinville-le-Sec à être lié dans les profondeurs à l'enfance et à l'écrit, il y a aussi Roussainville-le-Pin proche de Combray. Car ici la sexualité préadolescente et masturbatoire est évoquée du fait que le narrateur contemple le donjon de Roussainville tandis qu'il s'enferme à clef dans une petite pièce sentant l'iris pour éprouver son plaisir. Plus loin dans l'œuvre, dès le début du *Temps retrouvé*, nous revenons à Roussainville-le-Pin : c'est là que Gilberte allait jouer avec ses petits amis, dont l'enfant de chœur de Combray et, à ce souvenir de leurs jeux cachés, se joint l'image d'un narrateur enfin conscient des invites érotiques de Gilberte et d'Albertine. Elles s'étaient « livrées » dans leurs regards, incomprises du narrateur, nostalgique en y repensant, triste de les avoir « ratées ». Et voilà que surgit le nom de Saint-Loup à cause de son échec avec Rachel ; le narrateur et Saint-Loup se trouvent une fois encore rapprochés, ici par la méconnaissance du désir que les femmes expriment à travers leurs yeux.

Les yeux ! Je ne résiste pas, à me tourner vers Flaubert, vers son vocabulaire médical proche de celui de son frère médecin, quand il décrit sa rencontre avec une femme, à Tunis, dans son *Carnet de voyage,* « dont les yeux sont archi-noirs et la prunelle glisse sous la paupière comme un gland sous le prépuce dans une masturbation interne et incessante [1] ». Il y a, décidément, chez ces deux écrivains, le commun désir d'emprunter à la science son langage précis pour l'intégrer à la pensée littéraire, sans parler, comme on va le voir, des longs moments de la vie qu'ils passent tous deux sous silence.

Si Marcel fut asthmatique toute sa vie, dès l'âge de neuf ans, Gustave Flaubert eut sa première crise d'épilepsie à quatre ans. Flaubert, tout à coup, pendant quelques secondes ou quelques minutes, eut le cerveau inondé d'images, d'hallucinations qui lui faisaient peur car il sentait sa personnalité s'effriter. Il confiait à Louise Colet qu'il perdait la faculté de parler tout comme Proust, au cours de ses crises d'asthme, perdait celle de respirer. Il arrivait à Flaubert de crier, d'avoir des convulsions, de sombrer dans le coma : c'était là une maladie qui le dominait complètement tandis que Marcel était arrivé à dominer la sienne, ou

1. Cité par Pierre-Marc de Biasi, in *Flaubert, Une manière spéciale de vivre*, Grasset, 2010, p. 262.

plutôt, à s'en servir. Il n'empêche que cette connaissance commune de la souffrance, mentale et corporelle, les rapproche dans un intérêt passionné pour la médecine. En août1846, Flaubert écrit à Louise Colet pour expliquer ses crises de nerfs : « Il a fallu que quelque chose antérieurement se soit passé d'une façon assez tragique dans la boîte de mon cerveau. »

Flaubert avait d'ailleurs eu le projet d'écrire sur ces « curieux phénomènes psychologiques » de même que Proust aura, en 1905, l'idée d'écrire un livre sur les médecins. Mais Gustave l'avoue à Louise Colet : « Comme c'est un sujet qui me fait peur, sanitairement parlant, il faut attendre et que je sois loin de ces impressions-là pour pouvoir me les donner facticement, idéalement, et dès lors sans danger pour moi et pour l'œuvre. » Mais aucun des deux écrivains n'écrira le livre projeté ; tous deux auront recours au roman comme exutoire.

« Dans *La Recherche*, le héros nous dit avoir fréquenté non pas une mais deux maisons de santé. Pourtant c'est la durée de son absence amplifiée à outrance qui surprend et donne à réfléchir. On peut raisonnablement estimer cette durée à vingt-cinq ans : plus de deux décennies dérobées au roman, passées sous silence[1]… », constate Edward Bizub qui précise : « Il y a quelques réapparitions du héros pendant cette longue période mais les nombreuses années passées en dehors de Paris tombent sous la coupe du silence. »

---

1. Edward Bizub, *Proust et le moi divisé*, Droz, 2005, p. 179.

Revient en mémoire le célèbre « Il voyagea » dans *L'Éducation sentimentale*, ellipse semblable à celle de Proust, où le héros de Flaubert connaît « la mélancolie des paquebots ».

Pendant combien de temps ?

« Qui peut le dire ? »

Affinités : Henry et William James

J'ouvre ici une parenthèse pour évoquer aussi la relation fraternelle entre Henry James et William James d'une part, Marcel et Robert Proust, de l'autre. Le père des frères James a compté autant pour Henry qu'Adrien Proust pour Marcel et Robert. Les *Mémoires d'un jeune garçon*[1] *(A Small Boy and Others)* devaient initialement être centrés sur William, frère aîné d'un an de Henry, mais finissent par raconter surtout l'enfance de Henry, qui s'est souvent senti inférieur à son frère. Un revirement central se fait avec ces *Mémoires*, qui rappelle ceux de *La Recherche*.

Tant que Henry James était la proie de diverses maladies entre 1909 et 1910, William se portait à merveille, mais à peine Henry allait mieux que, brusquement, William tombe malade. Et meurt. Le lien ici, encore une fois, est celui d'une proximité fraternelle dangereuse. Le survivant chez les James

1. Henry James, *Mémoires d'un jeune garçon*, préf. Diane de Margerie, trad. Christine Bouvart, Rivages, Bibliothèque étrangère, 1990.

est le cadet ; chez les Proust, également. Dans ces *Mémoires*, William est occulté au profit de Henry tout comme Marcel fait disparaître Robert de l'œuvre. Et, tout comme Robert, William fut un des premiers en Amérique à prôner la psychothérapie et à insister sur la psychopathologie.

Médecin avant de devenir philosophe, William a, comme Robert, subi l'influence paternelle. La vie sexuelle de Henry reste aussi floue que celle de Marcel tandis que William et Robert fonderont une famille. Alors que les deux frères médecins s'adonnent à la science, Henry et Marcel développeront leur méthode personnelle : celle de transposer les souvenirs et d'analyser l'ambiguïté de leurs personnages. Henry raconte que son père ne sortait jamais ses deux petits garçons ensemble ; on peut dire qu'Adrien n'a pas laissé de textes où ses deux fils sont confrontés. *L'Hygiène des neurasthéniques* ne s'adresse certes pas à la nature de Robert.

Les *Mémoires* dévoilent un désir d'unicité ; *La Recherche* est centrée sur un fils unique. Si Marcel assiste (contre son gré) au mariage de Robert, Henry ne peut assister à celui de William et parle d'un « destin malheureux » qui les a « divorcés » en cette circonstance. (On songe au couple difficile de Marthe et de Robert.)

Un an sépare les deux James et à peine plus d'un an les deux frères Proust si bien qu'une fusion fraternelle semblable a perturbé l'identité des deux écrivains. Une phrase de Henry semble résumer l'œuvre proustienne : « Se tourner vers le passé, c'est en fait rencontrer l'apparition, et trouver dans son visage spectral, le regard silencieux d'un appel. » Chez les deux écrivains, on trouve une importance capitale accordée aux morts et aux réminiscences. Le style même, la phrase si longue, trahissent une obsession commune à la fois du détail et de la totalité.

Si James garde un silence presque absolu sur sa mère à cause d'un sens du « sacré », on sait combien Marcel a recours au silence quant à son frère pour une raison tout aussi mystérieuse. Les deux écrivains meublent ce « blanc » par une pléthore de personnages surtout féminins. Dans les deux œuvres, le « rideau de la vie privée » est tiré et ce n'est certes pas le narrateur de *La Recherche*, cet observateur lucide baignant dans l'imaginaire, qui dévoilera la scène. Chez les deux écrivains subsiste le mystère de l'enfance : le corps est lié à l'idée de cachette. Si l'asthme met fin à l'enfance de Marcel à neuf ans quand son frère perd ses dentelles et ses jupes, le typhus met fin à la vie de « jeune garçon » chez Henry James : les deux enfances se terminent ainsi par la maladie.

Je dois dire qu'à résumer les affinités entre ces couples de frères, je suis moi-même étonnée par tout ce qui les rapproche et que j'avais perçu, mais séparément, pendant des années. Que, dans les deux cas, il y ait, dans cette trilogie familiale, deux médecins et un écrivain me fait penser que l'artiste à la nature sensible, curieuse, poreuse et créatrice est attiré de manière équivoque par les lois qui règnent sur les corps et que les médecins s'acharnent à contrecarrer.

Un défi qui rejoint peut-être celui de l'écrivain qui, lui, se projette dans l'imagination plutôt que dans l'énoncé des faits.

Comment ne pas citer la conclusion de Henry James (dans une lettre à Henry Adams) qui évoque tellement la conception proustienne ? « Je suis un artiste, cet étrange monstre, cette finalité obstinée, cette sensibilité inextinguible. D'où les réactions – détails visibles, réminiscences, toutes ces choses qui continuent à se projeter avec des conséquences que je note et qu'il me fait plaisir (mot amer) de noter. Tout cela nécessite de créer et je *crée*[1]. »

---

1. *Cf.* Henry James, *Mémoires d'un jeune garçon*, *op. cit.*, préface et p. 14.

La cure de Sollier et la naissance de *La Recherche*

La phrase de Henry James décrit la vie de Marcel, mais cette création chez Proust, qui l'a provoquée ? Comment eut lieu la naissance de *La Recherche* ? Et celle des textes qui l'ont précédée, comme *Les Plaisirs et les Jours* où, malgré la jeunesse, la mort est déjà si présente ? Robert et sa mère avaient souvent conseillé à Marcel d'aller faire soigner son asthme et ses insomnies dans une clinique. Mais il leur avait opposé son refus. Comment se fait-il qu'il ait choisi précisément le docteur Sollier comme psychothérapeute après le décès de sa mère et un premier essai (non concluant) dans une autre clinique ? Que voulait-il apprendre sur lui-même qu'il ne savait pas et refoulait depuis toujours ?

Pourquoi donc Marcel ne donne-t-il à sa mère la satisfaction de se soigner que trop tard comme s'il avait voulu ne pas la quitter mais sans cesse l'inquiéter et la soustraire aux deux médecins de la famille Proust ? L'intimité charnelle de ses lettres serait-elle suscitée par l'envie de lui cacher ce qu'il était vraiment et, en lui confiant l'état de ses urines, ne veut-il pas surtout dissimuler son état mental ?

Accepter la cure de Sollier, une fois sa mère morte, pourrait bien signifier que Marcel sent poindre en lui l'homme nouveau qu'il va devenir au lieu de se perdre en manipulations affectives familiales. Il gardera son asthme, écrivant sur la « grâce » de la maladie qui lui permet l'isolement, les horaires insolites et l'écriture. Sans doute est-ce un certain remords qui va inspirer les célèbres scènes du « baiser du soir » dans *La Recherche*. De plus, cette hypersensibilité affichée va lui permettre d'introduire la scène de la capitulation du père qui finit par encourager la mère à céder aux caprices du « petit ». Aussi les médecins ne cessent-ils d'être présents, embusqués derrière les apparences.

Sollier écrivait dans sa *Psychologie de l'idiot* : « Chez l'enfant normal, l'émotion sexuelle existe plus souvent qu'on ne croit et bien avant le développement de la puberté[1]. » Les photographies de Marcel et de Robert, qui montrent une telle complicité, ne sont pas sans exprimer un attrait fraternel intense d'avant l'adolescence. Et le docteur Sollier a dû inspirer une grande confiance à Marcel pour qu'il se décide à subir enfin une cure tant de fois recommandée, si bien que ce médecin se trouve lié au souvenir de la mère morte.

Si la première tentative de cure avec le docteur Dejerine avait échoué, on ne peut pas en dire autant

1. Dr Sollier, *Psychologie de l'idiot et de l'imbécile*, Félix Alcan, 1891.

de la cure avec Sollier. Je la crois fondamentale. Trop d'affinités lient les deux hommes. Ce n'est pas seulement une notion de temps qui a décidé Marcel à choisir ce médecin plutôt que Dejerine dont la « cure » devait durer des mois, loin des deux semaines promises par Sollier (qui s'allongèrent en deux mois). Bien des critiques ont jugé que cette cure fut inutile mais on ne saurait refuser de croire à la connivence entre médecin et patient tant ils partagent certaines recherches sur la mémoire involontaire : « Le souvenir est une image [...] reproduisant une scène passée. La mémoire est quelque chose de plus... c'est non seulement l'apparition dans la conscience d'une image, d'une impression ancienne mais avec une telle netteté, et de plus accompagnée de la reproduction si précise et intense de tout l'état de la personnalité du sujet au moment de l'impression première, que le sujet croit de nouveau traverser les mêmes événements qu'autrefois », écrivait Sollier, cité par Edward Bizub [1].

La mémoire involontaire associe donc présent et passé. Elle est bien celle de l'homme « extra-temporel » que se voulait Marcel, et, comme on l'a vu, elle est celle qui ne cesse de le ramener à Illiers/Combray et donc à Robert. Le thérapeute et l'écrivain parcourent le même chemin. La cure de Sollier précède, de façon révélatrice, l'aveu tardif fait à René Peter, à Versailles, de la jalousie maladive de Marcel à l'égard de son frère. On ne peut donc pas affirmer, après cette confession, que la cure fut un échec. Et l'on imagine aisément les

1. Edward Bizub, *Proust et le moi divisé*, *op. cit.*

conversations entre Marcel et Paul Sollier concernant la mémoire involontaire pendant les deux mois d'isolement dans la clinique.

Paul Sollier fut un des premiers neuropsychologues bien avant que cette discipline soit reconnue. Plusieurs de ses phrases semblent sorties de *La Recherche*, si ce n'est qu'elles précèdent l'œuvre de Proust de dix ans. Elles expliquent pourquoi Marcel a enfin accepté d'entrer dans sa clinique. Certes, Marcel n'a jamais restitué leurs discussions mais on sait combien l'auteur se ménage des zones de silence, des « blancs » flaubertiens : si le narrateur avoue avoir été dans deux maisons de santé, ces séjours sont espacés par des années dont nous ne saurons rien.

Il se pourrait qu'à reproduire les conversations avec Sollier, Marcel n'aurait pas écrit certaines « illuminations » qui sont parmi les pages les plus importantes de *La Recherche* comme celle sur les pavés inégaux et leurs séquelles psychologiques. Le tacite chez Proust est souvent prégnant. Ce sont des intermédiaires non médicaux qui font surgir la mémoire hors de l'inconscient – des pavés, la madeleine, des arbres – tout comme ce sont des éléments non humains qui permettent le transfert du chagrin subi sur des aubépines ou un chevreau.

La thérapeutique de Sollier consiste donc « à ressusciter un moi enfant dont on a perdu la trace » comme le résume Edward Bizub qui cite Proust dans *Contre Sainte-Beuve* : « Il s'agit de tirer hors de l'inconscient, pour le faire rentrer dans le domaine de l'intelligence mais en tâchant de lui garder sa vie [...] une vérité que la seule lumière de l'intelligence suffirait à détruire semble-t-il. »

Aussi tout ce qui a trait à la minutie volontaire du scientifique (l'analyse, l'intelligence, le microscope, la mémoire volontaire, organisée) est-il moins créatif que l'inconscient, l'involontaire, la pensée sensible, intuitive, la sensation et les découvertes de l'écriture salvatrice : « Or, en art, il n'y a pas (au moins dans le sens scientifique) d'initiateur, de précurseur. Tout [est] dans l'individu, chaque individu recommence pour son compte la tentative artistique ou littéraire ; et les œuvres de ses prédécesseurs ne constituent pas, comme dans la science, une vérité dont profite celui qui suit[1]. »

Autant dire : ce n'est ni Adrien, ni Robert qui seraient capables d'inspirer l'œuvre de Marcel qui tient à rester sa propre origine. Autant dire aussi qu'il existe un « moi » obscur qui appartient à chacun, d'où les silences, les disparitions d'un réel partagé avec d'autres, les omissions, les renversements des situations.

Marcel écrit ne pas aimer les romans d'analyse ; ce qu'il aime, c'est fouiller, exhumer, plonger pour faire ressusciter ; il préfère le télescope au microscope. Milton L. Miller cite une lettre de Marcel sur l'importance de cette image du télescope qui « permet de faire apparaître à la conscience des phénomènes

1. Marcel Proust, *Contre Sainte-Beuve*, « La méthode de Sainte-Beuve », La Pléiade, p. 220.

inconscients complètement oubliés, quelquefois situés très loin dans le passé[1] ».

Il est vrai que Proust lui-même n'a jamais voulu reconnaître les bienfaits de ce séjour d'isolement. Il n'empêche que *Contre Sainte-Beuve* en est issu même si Proust affirme qu'il est rentré chez lui après sa cure « qui lui aurait fait le plus grand mal ». Si l'on pense qu'il l'a acceptée aussi par remords de n'avoir pas plus tôt obéi aux vœux exprimés par sa mère, on trouve ici un élément de plus à verser au dossier de « l'amour » complexe qu'il lui portait. Sans parler du texte terrifiant qu'il fera paraître après la mort de « Maman » sur le « parricide » (en fait matricide) dans *Le Figaro*[2]. Et comment aurait-il pu accepter de louer un médecin qui avait déjà exprimé des idées si proches de celles qu'il allait développer dans *Contre Sainte-Beuve,* puis dans *La Recherche* ?

Mais les reviviscences n'ont pas toujours lieu sans lutte. Sans doute celle entre Gilberte et le narrateur aux Champs-Élysées symbolise-t-elle leur affrontement : « Toujours, dans ces résurrections-là, le lieu lointain engendré autour de la sensation commune s'était accouplé un instant, comme un lutteur, au lieu actuel[3]. » Ce sont les lieux lointains (contre lesquels

1. Lettre à Camille Vettard citée par Milton L. Miller in *Psychanalyse de Proust,* Fayard, 1977.

2. Marcel Proust, *Contre Sainte-Beuve,* « Sentiments filiaux d'un parricide », La Pléiade, Pierre Clarac, 1971, p. 150.

3. Marcel Proust, *À la recherche du temps perdu,* « Le Temps retrouvé », La Pléiade, Jean-Yves Tadié, t. IV, p. 453.

lutte le présent) qui triomphent, et l'on peut se demander si cette dualité ne s'est pas précisée en mots à travers la cure de Sollier comme la notion du refoulé. Du moment qu'il s'agit d'une *résurrection*, il s'agit d'un état du passé (Combray, Venise, Balbec) tous liés à ses origines à l'ami fraternel, à ce passé qui est « le plus beau » pour Proust : celui de l'enfance. Combray et la maison de santé se retrouvent d'ailleurs réunis dans les notes du carnet de 1908 :

> Sifflets des trains
> Décrivant la campagne
> près de falaise au clair
> de lune dans la nuit froide
> à Illiers, Versailles, Saint-Germain,
> Sollier. Descente du train.
> Pavés foulés avec joie[1].

Ainsi le docteur Sollier reste lié à l'image capitale des pavés inégaux.

La cure du docteur Sollier eut lieu au *Sanatorium pour le traitement des maladies nerveuses et de la morphinomanie,* à Boulogne-sur-Mer. Si Marcel met lui-même fin au traitement, c'est qu'il se sent prêt à quitter cette sorte de prison qui l'a éloigné pendant deux mois des drogues, des livres, de la plume, des bavardages, des visites, de la belladone et de la bière glacée. Place à l'électrothérapie, à l'hydrothérapie, au

---

1. Edward Bizub, *op. cit.*, p. 251.

silence et à la discipline. Tout, ici, est supposé soigner les nerveux. Mais n'est-ce pas surtout que Marcel devait se sentir prêt ? Prêt à se livrer, à écrire, à créer ce qui le taraude depuis si longtemps ? Et cela ne lui fait-il pas « mal », aussi, de continuer à garder en soi, à dissimuler ce dont il se sent habité ? S'il avoue que ce séjour en clinique lui a fait « du mal », n'est-ce pas que cette cure a précisé ce qu'il se cache, dont sans doute cette idée fixe du bonheur vécu à Combray, ravivée notamment à Doncières ?

« La reviviscence » : telle est leur découverte commune, à Sollier autant qu'à Marcel. Mais d'abord exprimée par Sollier. Si la cure a marqué Marcel, elle signe le début de l'écriture, et paraît l'élément déclencheur de l'œuvre future. C'est pourquoi il dédicace *Les Plaisirs et les Jours*[1] au médecin en l'assurant de « sa profonde et respectueuse reconnaissance ».

Sollier et Marcel ont dû parler ensemble du silence et du refoulé. *Contre Sainte-Beuve* révèle, peu après la cure, combien Proust était conscient d'avoir un inconscient. Balzac est, si j'ose dire, le « paravent » derrière lequel il s'abrite comme le fait encore remarquer Edward Bizub dans *Proust et le moi divisé*[2]. Au cours d'une discussion avec sa mère, il éprouve le besoin de lui dire que dans *Splendeurs et misères des courtisanes*, au cours de la rencontre entre Rubempré

1. Marcel Proust, *Les Plaisirs et les Jours*, La Pléiade, Jean-Yves Tadié, 1982.

2. Edward Bizub, *op. cit.*, p. 243.

et Vautrin, « chaque mot, chaque geste » a des *dessous* dont Balzac n'avertit pas le lecteur et qui sont d'une « profondeur admirable[1] ». En suivant cette conversation, on découvre que les signes à déchiffrer livrant cette « profondeur admirable » et une psychologie si « spéciale » renvoient à un contenu caché dans cette rencontre, au désir non explicité de l'attirance homosexuelle. Proust découvre dans ce texte des « gestes volontaires » et une « pensée inavouée » – pensée qui sera « explicitée » plus tard par la rencontre de Jupien et de Charlus.

Avant cette analyse, Proust avait déjà noté l'étonnement du lecteur devant les « beaux effets de *silence* dans son œuvre[2] » : cette réflexion sur Balzac et ses tacites allusions projette son ombre – ou plutôt sa lumière – sur les restrictions mentales de Marcel-le-narrateur, et la volonté de dissimulation qui enveloppe *La Recherche*.

Aussi ne peut-on que s'interroger sur ce que Marcel pensait de la carrière de Robert, et ce que Robert pensait de *La Recherche* ; à ce que l'un pensait de la recherche médicale visible et l'autre de la recherche littéraire de l'invisible. Mais ce qui frappe, c'est que Robert n'est jamais visé par des propos sarcastiques, d'abord à cause de son héroïsme pendant la guerre de 1914 auquel Marcel ne cesse de faire allusion dans

1. Marcel Proust, *Contre Sainte-Beuve*, « Conversation avec Maman », Folio essais, 1987, p. 212.
2. *Ibid.*, p. 204 ; p. 210 *sq.*

ses lettres ; ensuite, de toute évidence, grâce à son inexistence dans *La Recherche*. Mais si le mutisme préserve, il conserve le passé dans son intensité première. Silence à double tranchant : d'un côté, il cache dans le secret du non-dit ; de l'autre, il laisse percevoir l'importance de ce qui est tu. Et n'est-il pas révélateur que Marcel écrive son cruel article intitulé *Sentiments filiaux d'un parricide* où une mère (connue des Proust) est assassinée par son fils (connu de Marcel), seulement après sa cure ? Ce fut là son premier essai publié après la mort de sa mère.

Les trois visions imaginaires du narrateur (la madeleine, les arbres d'Hudimesnil, les pavés inégaux) sont synonymes d'extra-temporalité et de joie. Mais la « confession » à René Peter et l'article sur le parricide-matricide, avec son identification déguisée au jeune assassin, sont des réflexions douloureuses qui ont exigé un véritable travail sur soi : on comprend que leur auteur ait éprouvé du « mal » à s'en libérer.

Les femmes de Robert

Robert s'est marié avec la fille de la maîtresse de son père, Mme Dubois-Amiot. C'est Adrien qui a décidé de ce mariage pour son fils prolongeant ainsi, si l'on peut dire, ses liens adultères. Marthe fait donc doublement partie de la famille Proust mais ses liens seront fragiles car, à son tour, Robert aura une maîtresse, Mme Fournier, qu'il installera près de l'hôpital où il exerce. Marcel n'a jamais apprécié l'union de Robert avec Marthe : « Le mariage de Robert m'a *à la lettre* tué », avait-il écrit à Mme Catusse. (Quant à Jeanne Proust, malade, c'est en ambulance qu'elle se rendra à la noce.) Robert n'aura qu'une fille de son mariage : Suzy Mante-Proust.

Marthe était grande et imposante ; elle n'était pas loin de ressembler à la vision inquiétante que Marcel eut avant de mourir. Dans un excellent petit livre, Lorenza Foschini[1] raconte comment, après la mort de Marcel, Marthe voulut détruire tous ses vestiges,

---

1. Lorenza Foschini, *Le Manteau de Proust*, Quai Voltaire, 2012.

pressée comme elle l'était de se débarrasser de ses meubles – heureusement sauvés par le collectionneur Jacques Guérin.

Guérin avait fait la connaissance de Robert grâce à la maladie. Il se trouvait à Paris lorsqu'il fut la proie d'une crise d'appendicite. On appela le médecin : « Le chirurgien Robert Proust rentra exprès de Vichy où il passait ses vacances », précise Lorenza Foschini. C'est ainsi que Guérin, rendant visite à Robert après la mort de Marcel, vit chez lui des *Carnets* dont il reconnut l'écriture. Après quoi, retrouver des « trésors proustiens » devint chez lui une véritable hantise. C'est ainsi qu'il devait découvrir, dans la grande bibliothèque vitrée de Robert, « une haute pile de manuscrits entassés dans le désordre, l'œuvre complète de Marcel Proust [...] Robert sort le cahier du dessus et le lui tend [...] Jacques découvre alors une "cathédrale" de mots, de ratures et d'ajouts ». Le mot « fin » écrit par son frère ne signe en rien la fin de *La Recherche* : Robert le sait, le devine, lui qui travaillera à l'œuvre posthume, et personne ne l'avait mieux compris que Marcel lui-même.

Robert avait assuré la direction de l'hôpital Tenon et présidé l'association de la recherche contre le cancer, mais il avait, en plus, hérité des manuscrits de Marcel et devait assurer la parution des derniers volumes de *La Recherche* en collaboration avec la NRF *(La Prisonnière, Albertine disparue, Le Temps retrouvé)*. Énorme travail, très lourd à cause de ses obligations de praticien. D'autant plus que, d'une lenteur compréhensible étant donné ses occupations, Robert se trouva vite en train d'entretenir des relations difficiles avec Gallimard et Jacques Rivière auxquels s'ajoutèrent Paulhan et Benjamin Crémieux[1].

Robert et Marthe avaient détruit des lettres, des manuscrits : « Nous brûlons… nous brûlons tout », avait déclaré Marthe à Guérin lors d'un dîner. Il restait la fin de *La Recherche*: trois volumes incontournables. Tel sera l'héritage complexe et ardu de Robert qui, après avoir été éliminé de *La Recherche,* reprendra toute sa place.

« Le mariage de Robert m'a *à la lettre* tué » : je reprends cette formule de Marcel qui me paraît un rappel de la primitive douleur: l'existence même de Robert ; l'inévitable rivalité camouflée, mêlée d'amour, puis, peu à peu, après l'adolescence, le léger éloignement du petit frère ; puis le choix paternel qu'il fit en devenant médecin et, enfin, le « choix » imposé de son épouse, fille de la maîtresse du père. Marthe est l'élément qui ressuscitera chez Marcel le thème de la trahison : rien d'étonnant si leurs relations furent de la plus grande ambivalence.

À la mort de Robert, les objets précieux de Marcel sont donc liquidés par Marthe, et vendus à un brocanteur.

(Je pense à ce qui nous reste de Robert. Je n'oublierai jamais comment, récemment, je suis allée voir

1. *Cf.* Nathalie Mauriac, *Robert Proust et la NRF (1922-1931)*, Gallimard, 1987.

une de mes cousines, petite-fille de Robert. Elle était en possession du masque mortuaire de son grand-père – masque, à la patine magnifique, d'une face un peu bouffie mais apaisée. Ni comment nous avons longuement bavardé, elle et moi, le masque mollement posé à côté de nous, sur le canapé. J'étais bouleversée d'être si proche du grand médecin sur lequel j'écrivais ; une fois de plus, je me dis qu'il y a une intrication toute proustienne dans les événements qui entourent l'œuvre ; toutes ces coïncidences me rapprochent encore du frère « absent » de *La Recherche* et que j'ai tant envie de retrouver.)

Je reviens à la veuve de Robert et au récit de Jacques Guérin à qui l'on doit d'avoir exhumé, chez le brocanteur Werner, tant d'objets symboliques : une boîte en jade offerte par Anna de Noailles, un élégant étui de Cartier contenant son épingle à cravate en corail, et surtout, surtout, sa Légion d'honneur à laquelle il tenait tant – au point qu'il avait écrit à Robert pour qu'il l'appuie dans sa demande.

Marthe a dû vivre le fameux « enfer proustien » et être heureuse, dans une sorte de vengeance posthume, de mettre un terme à la survivance de tous ces objets et documents, rappels de mœurs sulfureuses. Elle qui n'a jamais voulu mettre sur sa porte, après la mort de son mari, le nom *Proust* : « Je n'utiliserai plus jamais ce nom », avait-elle déclaré quand Jacques Guérin intercéda pour la persuader (sans succès) du contraire. Spécialiste de la profanation, il est pourtant difficile d'imaginer ce que Marcel aurait ressenti, malgré sa lucidité pessimiste, à voir ainsi ses trésors éparpillés, jusqu'à sa « canne de marche en peau de porc, cadeau du marquis d'Albuféra et gravée aux initiales M. P. ». Comment tous ces objets, pour nous si émouvants, ont-ils échoué dans les mains du brocanteur Werner ? Je vous laisse le soin de le découvrir dans *Le Manteau de Proust*[1]. De découvrir aussi que Marthe n'était peut-être pas la martyre esseulée qu'elle a voulu nous faire croire…

Dans ses recherches, Jacques Guérin avait même retrouvé le portrait d'Adrien Proust – difficile de ne pas penser au portrait insulté de Vinteuil dans *La Recherche* – le portrait, donc, du père de Marcel « avec sa barbe grise et son regard lourd de reproche », avec « l'air d'implorer qu'on le sorte de la boue où il a été jeté ». Tout se passe comme si Marthe avait voulu la punition de la famille dans son intégralité : Adrien, l'amant de sa mère ; Marcel, le complice de son frère ; et même Robert, son mari.

Jamais nous ne saurons quels textes ont été brûlés pour « faire de la place » après la mort de Marcel : Marthe Dubois-Amiot ne sait pas elle-même ce qu'elle a détruit, satisfaite d'avoir purifié dans les flammes des fragments d'une œuvre qu'elle jugeait scandaleuse.

Dans les papiers apportés par le brocanteur Werner à Jacques Guérin, une petite lettre de Marcel à sa mère montre toute la distance qui, malgré certaines

1. *Cf.* Lorenza Foschini, *Le Manteau de Proust*, *op. cit.*

apparences sur lesquelles s'étendent les confrères d'Adrien, sépare Marcel de Robert :

« Ne pas montrer cette lettre à mon ange de frère qui est un ange mais aussi un juge, un juge sévère. » Ce changement de situation où l'aîné est jugé par le cadet, serait-il à l'origine de tant de renversements dans l'œuvre où l'on remarque que les médecins ne savent pas soigner, que les invertis (comme Morel) deviennent des artistes, et que les homosexuels sont aussi des héros ?

Marcel ne cesse d'être à la recherche « de l'autre-en-lui », ce quasi-jumeau, né quelques mois après sa propre naissance. Dans *Le Lac inconnu*[1], Jean-Yves Tadié suggère la possibilité d'une jalousie fraternelle même s'il croit à « leurs relations excellentes » lors de la vie adulte. Il cite une lettre de Marcel qui affirme, pendant la guerre, « perdre le sommeil depuis que Robert est parti ». Sans doute. Mais comment cette relation serait-elle en tout point limpide chez ce maître de l'ambiguïté ? Et Jean-Yves Tadié révèle ce fait, dont les raisons obscures ont dû avoir bien des séquelles : pendant toute la guerre, « Marcel fait parvenir d'importantes sommes d'argent à la maîtresse de Robert Proust ». Malgré quoi, cette Mme Fournier serait de caractère difficile, tout comme l'épouse légitime qui était au courant de la liaison de Robert.

D'où venait cet argent envoyé par Marcel si ce n'est de la fortune familiale qui, ainsi, collaborait aux

1. Jean-Yves Tadié, *Le Lac inconnu*, Gallimard, 2012.

frasques de l'autre fils, chirurgien doué comme Adrien ? Pourquoi Marcel qui avait souffert d'aller au mariage de Robert, a-t-il accepté de jouer un rôle de passeur dans son ménage et positif dans ses amours ? Marcel était-il heureux de la double vie de Robert qui faisait de lui un être dissocié ? Heureux de le voir en aimer une autre ?

L'argent envoyé par Marcel était souvent accompagné de lettres à Mme Fournier qui prouvent une certaine intimité entre eux même si elle fut parfois orageuse. Des neuf lettres[1] vendues dernièrement à Drouot, j'extrais quelques fragments révélateurs :

Marcel à Mme Fournier :

> [...] Robert, pendant la seconde où elle a été sortie, m'a dit presque à l'oreille que sa femme avait tout appris de ce qui vous concernait lui et vous (j'ignore d'ailleurs quel est le « tout » et comment elle a pu l'apprendre), qu'il y avait des drames terribles chez lui et que je tâche de vous l'écrire pour que s'il ne pouvait ces jours-ci vous donner signe de vie, vous ne croyiez pas à de l'indifférence de sa part, qu'il vous recommandait de votre côté la plus extrême prudence.
>
> (15 décembre 1917)

1. Lettres autographes signées à Mme Fournier écrites de 1916 à 1919, vendues à Drouot le 17 décembre 2010 ; exposées au musée Marcel-Proust, à Illiers.

Madame, Robert me charge de vous faire parvenir les cinq cents francs ci-inclus. C'est une agréable occasion pour moi de vous demander de vos nouvelles.

(8 juillet 1918)

Madame, En toute hâte parce qu'il m'est impossible en ce moment d'écrire, je vous envoie ci-inclus mille fr. que Robert vous devait et me prie de vous faire parvenir. Sa lettre me navre car j'y lis, comme on dit, entre les lignes, que vous auriez de vagues griefs contre moi. Or je sais bien que je n'en mérite pas l'ombre d'un seul !

(Sans date.)

L'argent envoyé : Robert le doit-il à Marthe ou à sa propre famille ? Toujours l'argent ! On sait à quel point Proust en abusait pour plaire, grâce à ses pourboires princiers aux chauffeurs et liftiers. L'argent dépensé par Marcel irritait Adrien. Mais, précise Olivier Wickers, cette obsession de provoquer la reconnaissance d'autrui, de posséder à travers la supériorité du don, serait née « comme une sorte de contre-don de la part d'un frère aîné à qui on a fait (ou a rêvé qu'on lui faisait) un enfant dans le dos, un petit frère[1] ». Quoi qu'il en soit, le geste de faciliter les relations entre son frère et sa maîtresse s'explique aussi par le désir de le remplacer, et même de le dépasser. Et on ne saurait

1. Olivier Wickers, *Chambres de Proust*, Flammarion, 2013, p. 197.

oublier à quel point la femme de Robert se méfiait de Marcel.

Aussi je reviens aux biens familiaux qui seront plus tard dispersés par Marthe tout comme Marcel avait donné certains meubles de sa mère à une maison close. Ces meubles donnés au bordel d'Albert Le Cluziat provoquèrent les remords de Marcel : « J'aurais fait violer une morte que je n'aurais pas souffert davantage[1] », avait-il écrit, mais les regrets n'ont pas envahi sa belle-sœur. Enfin, tout au fond de l'entrepôt, Guérin apercevra le lit de Marcel – ce lit où il a tant de fois fait retour à l'enfance, rêvé d'Illiers, où il a tant écrit – ce lit, précise Lorenza Foschini, « qui était le sien depuis l'âge de seize ans… ce lit où il est mort le 18 novembre 1922 ».

Ce lit serait-il l'image prolongée du berceau ? Certaines lettres que Proust adulte écrivait à sa mère sur ses intestins et leurs déjections semblent signer une régression vers la dépendance enfantine. Si le mouvement de toute l'œuvre est surtout celui de l'éternel retour à Combray qui resurgit jusque dans *Le Temps retrouvé*, que dire de ces lettres stupéfiantes d'intimité corporelle que Marcel envoie à sa mère en 1902 ? Comme celle écrite à Amsterdam le 17 octobre où il se plaint dans un post-scriptum : « Je te soupçonne de ne pas lire mes

1. Marcel Proust, *À la recherche du temps perdu*, « À l'ombre des jeunes filles en fleurs », La Pléiade, Jean-Yves Tadié, t. I, p. 568.

lettres ce qui serait infect. Celle-ci étant écrite dans un moment de pseudo-apaisement, lis-la du moins[1]. »

Ou encore celle du 18 août 1902 :

> Ma chère petite maman,
>
> […] Je n'ai toujours pas repris de lavements ce qui prouve qu'ils ne sont pas nécessaires. Ton absence, même survenue dans une période si désastreuse de ma vie, commence pourtant à porter ses fruits (ne prends pas cela avec susceptibilité comme Me Roussel !) Ainsi hier soir et ce soir j'ai supprimé pour m'habiller le 2e caleçon et cette nuit et tantôt, chose infiniment plus difficile, j'ai supprimé dans mon lit, le 2e tricot des Pyrénées. Comme j'ai pris froid tantôt je ne sais si je pourrais refaire la même chose ce soir, mais enfin cela reste en tout cas acquis et je ne l'espérais plus. […] La vérité c'est qu'on ne devrait jamais rien te dire, car tu juges trop toutes choses « ab uno ». Tu trouves étonnant que je sois allé voir Vaquez et tu dis à ce propos que tous les médecins disent la même chose. Comme ils m'ont tous dit le contraire, je ne suis pas de ton avis. Mais ayant quelque chose que je n'avais jamais eu et qui me forçait à renoncer au traitement qui me faisait du bien, il fallait bien que je consulte à la fois pour mon cœur, et pour mon estomac-intestin (que je croyais un peu cause de mes malaises, à tort). […] Pour en finir avec les consultations, demande à Papa ce que signifie une brûlure au moment de faire pipi qui vous force à

1. Marcel Proust, *Lettres*, Plon, 2004, p. 217, 218.

interrompre, puis à recommencer, cinq six fois en un quart d'heure[1]. »

Et ainsi de suite.

Nécessité révélatrice de partager avec sa mère ses maux les plus intimes comme s'il voulait capter de « son côté » le domaine médical.

1. *Ibid.*, p. 218.

Céleste remplace Robert et « Maman »

Mais voici que toute la fin de vie de Marcel est éclairée par l'étonnante Céleste. Avec son *Proust et Céleste*[1], Christian Péchenard achève sa trilogie *(Proust à Cabourg, Proust et son père)* par une réflexion sur un « amour » qui dépasse toute définition. Réflexion à la fois jubilatoire, ludique (on connaît le goût de l'auteur pour les formules et les paradoxes) et grave, car il s'agit ici d'un véritable envoûtement opéré par la séduction du talent. Mais pas seulement. Céleste, silencieuse et modeste, remplacera tous ceux qui gravitent autour de la chambre du maître sauf son mari, Odilon, qui est bien plus le chauffeur de Proust qu'il n'est l'époux de Céleste. Elle saura, peu à peu, se rendre incomparable. Mais comment ces deux êtres se sont-ils rapprochés l'un de l'autre ?

Christian Péchenard raconte les commencements. Céleste avait d'abord rencontré Odilon en Lozère et, pour cet homme qu'elle connaissait à peine, elle quittera sa ville natale. La première nuit s'écoule dans

1. Christian Péchenard, *Proust et Céleste,* La Table Ronde, 1996.

le train avec les invités de la noce et donc il ne se passe rien, pas plus qu'à Levallois-Perret où le couple s'installe. Écoutons Céleste avouer dans son livre *Monsieur Proust* (qu'elle finira par écrire ayant fêté ses quatre-vingts ans) : « C'était tout neuf, tout propre et très bien arrangé, ce petit appartement, mais je ne sais pas pourquoi – sans doute la fatigue, l'émotion et le dépaysement – à peine entrée, je me suis mise à pleurer[1]. » En fait, pour Céleste, c'est l'arrachement familial et le début de l'ennui.

Puis, tout à coup, ce sera une autre vie, de 1913 à 1922, une vie étrange avec un « mari de substitution » – la formule est de Péchenard – une sorte d'adultère mental merveilleux avec Marcel Proust. Présentée par Odilon, Céleste voit Marcel pour la première fois dans la cuisine. C'est une rencontre coup de foudre ; elle lui trouve de l'élégance, de belles dents, une belle peau. Elle trouve qu'ils ont presque la même taille. Et puis, autre sensation teintée d'érotisme, elle se sent regardée, observée, devinée. Marcel a compris que Céleste veut vivre, aussi va-t-il la faire vivre par procuration : il lui demande de porter des exemplaires dédicacés de *Du côté de chez Swann* à domicile, chez leurs destinataires. C'est alors son véritable voyage de noces qui commence. Elle va, elle vient, porteuse d'un fardeau sacré. Sobrement, elle dira : « Voilà comment cela a commencé. »

---

1. Céleste Albaret, *Monsieur Proust; Souvenirs recueillis par Georges Belmont*, Robert Laffont, 2001.

Lorsque Céleste raconte comment elle est entrée pour la première fois dans la chambre de Marcel, le lecteur lui découvre des affinités avec l'écrivain : comme lui, elle a des souvenirs-clefs qu'elle sait évoquer. Ainsi, à pénétrer dans le temple de liège, elle a une sensation de déjà-vu : c'était comme si elle « était entrée à l'intérieur d'un énorme bouchon à cause des plaques de liège fixées tout autour... » Or, autrefois, en Lozère, toute petite, elle avait pénétré dans une carrière qu'on venait d'ouvrir : « Il y avait la couleur de la terre dans la lumière du jour qui s'affaiblissait jusque-là. C'était exactement le brun miel du liège, et je m'étais déjà dit : c'est comme si tu entrais dans un bouchon. » Étonnante scène, si proustienne, avec ses raccourcis de la mémoire involontaire : pénétration, découverte et arrêt.

La vie de Céleste s'arrête en effet et se fixe sur celle de Marcel. C'est un phénomène physique, extatique, qu'elle éprouve : une révélation. « Tout cela demeure dans ma mémoire tel que cela dut être alors : une sorte de confusion, comme quand on entre dans une vie qui vous change de tout ce que l'on a connu, avec, en plus, la fascination d'un personnage comme on n'imaginait pas qu'il pût en exister... »

Puis, c'est la guerre. Et c'est surtout, pour eux, pour Marcel et Céleste, le départ pour Cabourg où chacun dort (comme aux beaux temps, dans *La Recherche,* avec la grand-mère) de chaque côté de la cloison. « Mon lit, derrière le mur, était dos à dos avec le sien », précise Céleste. C'est l'hôtel et les noms prestigieux des amis venus à Trouville, à Deauville, à

Bénerville : « Moi, je buvais tout cela et ma jeunesse s'émerveillait. J'entrais dans l'enchantement où, petit à petit, il m'amenait. » C'est à Cabourg que Marcel cesse d'appeler Céleste « Madame ». Leur intimité fait des progrès.

Dans cette relation, c'est Marcel l'initiateur, le « magicien » comme l'appelle Céleste. C'est lui qui la fait pénétrer dans le cercle enchanté car il s'est habitué à cette présence féminine – belle, jeune, frustrée – au point qu'il ne pourra plus se passer d'elle. Elle fera intimement partie de sa vie, deviendra indispensable à l'élaboration de son œuvre comme il deviendra le centre de sa vie à elle qui ne connaîtra vraiment Odilon, dans le sens biblique du terme, que dix ans plus tard, après la mort de Marcel Proust, nous informe Christian Péchenard qui dit combien il trouve prodigieux cet « échange entre le génie et la chasteté » : « une sorte de transaction consentie qui fait penser à l'univers jamesien ».

Et, petit à petit, Céleste *prendra la place* de Robert. À partir de 1913, elle sera, pendant neuf ans, la gardienne du foyer, la vestale de l'œuvre, la Voix du téléphone (car Marcel renonce au téléphone en 1914 et c'est elle qui parle à la place de son maître), le trait d'union avec les éditeurs, les princes et les duchesses, le cerbère qui délivre des importuns. Elle écoute Marcel, le soigne, le nourrit (très peu), ne met aucune condition à son dévouement qui incarne cet amour maternel limpide que Marcel avait tant voulu connaître. S'il « adora » sa mère, peut-être l'a-t-il aussi parfois haïe. Marcel savait sa mère lucide et spectatrice. Elle voyait tout, savait tout et, si elle était sa complice, c'était bien malgré elle. À cause de l'honneur familial, elle exigera de son fils un silence mensonger qui le mutilait. C'est ainsi que Proust avait pris l'habitude de mentir à tout le monde. À Céleste aussi, bien sûr, mais elle ne mettait rien en doute, ne creusait pas les questions épineuses.

Comment savoir au juste ce que Céleste savait ? Des histoires de rats, d'épingles, de photos maternelles traînées au bordel, Céleste ne voulait rien savoir. Ces « choses-là », qui ne la concernaient pas, elle les gommait, les niait. D'ailleurs, si elle s'était mise à juger son Dieu « qui trônait dans les nuages de la poudre Legras », elle l'aurait perdu. Elle n'aurait plus servi son art. Et puis c'était une question de temps : pour Marcel, elle avait renversé sa vie et la durée ; s'il avait su lui soustraire en secret du temps pour « faire le mal », c'est qu'elle n'aurait pas su lui suffire. Le renier eût été se renier elle-même. Le dévouement aussi a ses secrets. Céleste n'a-t-elle pas déclaré à Suzy Mante, nièce de Proust : « Il avait beau être un tyran, on finissait par l'aimer pour cela, quand on en connaissait les raisons. »

Pourtant, elle ne se plaint jamais. Elle aura connu Marcel mieux que quiconque, mais elle ne l'aura jamais vu dévêtu, ni même en chemise, ni au cours de ses ablutions pour lesquelles elle préparait tous les jours des dizaines de serviettes – pas plus qu'il ne l'a vue « en caraco ou en cheveux ». Il est vrai que l'amour n'est dans l'œuvre de Proust que torture, « pénitence et supplice » et que « cet amour-là n'est pas de l'amour ». Or Céleste, dans son affection qui « n'avait pas de nom, l'avait la première, la seule peut-être, deviné ». Elle avait deviné Marcel au point de parfois même le remplacer. Au cours de leurs longues conversations où, de concert, ils imitaient les « amis » (devenus parfois objets de risée) – qui était le meilleur interprète ? Qui mimait le mieux les absents – Marcel ou Céleste ? Parfois les propos de Céleste exprimaient ce que Marcel n'avait pas encore dit, notamment dans la scène où elle décrit André Gide avec « sa sincérité obligatoire » et son « air de faux moine ». Aussi serait-il bien erroné de ne voir en elle qu'une confidente, une médiatrice. Voici une des complicités les plus surprenantes de la littérature, faite de chaste présence, de renoncements, d'intimité continuelle. Céleste devient en quelque sorte Marcel, selon cette transmutation si chère à l'auteur, pour mieux lui permettre d'être lui-même.

À la fin de sa vie, c'est dans un monde de fantômes que Marcel pénètre. La vieillesse est sur tous comme un masque épouvantable. De plus, Marcel – comme le Charlus qu'il a décrit – étale à son insu de plus en plus les signes de son tourment. Le monde qu'il a créé est marqué par l'ambiguïté qui est devenue générale et n'est plus limitée à l'homosexualité. Les situations les plus solides se sont effondrées ; les plus précaires se sont élevées et consolidées. Les âges sont confondus ; les valeurs littéraires et artistiques se sont interverties de même que les réputations. Morel fait figure de grand honnête homme ; Gilberte est prise pour Odette qui, elle, n'a pas changé. Bloch est considéré comme un homme élégant, Swann comme un aventurier. Mme Verdurin est devenue princesse de Guermantes. Oriane, la duchesse de Guermantes est quant à elle devenue, aux yeux du monde, une femme à la situation douteuse. De plus, son esprit s'est dégradé, elle qui avait jadis ravi aussi bien son redoutable époux que Swann, son élégant ami. La géniale Berma est abandonnée de tous, et la médiocre Rachel triomphe. Le mouvement de la régression s'achève dans un état de délabrement général et c'est la dernière fois où le narrateur sortira dans le « monde ».

Malgré l'idolâtrie naïve et indulgente de Céleste, dans son langage plein de douce compréhension, elle suggère que l'amitié des deux frères Proust a été encouragée par leur mère pour dissimuler combien elle préférait Marcel. Elle ne va pas jusqu'à lier ces deux propositions mais elles existent, éparpillées, dans ses confidences à Georges Belmont. Elle remarque aussi que les frères, une fois leur vie future précisée, ne se sont guère revus et que c'est plutôt Robert qui venait voir Marcel.

Quand elle demande à Marcel si son frère lit ses livres, Marcel se lance dans un portrait idyllique de Robert, travailleur, précoce, héroïque. Mais Céleste conclut avec justesse : « Bien que M. Proust ne m'en ait jamais parlé, j'ai le sentiment que c'est surtout dans le souvenir de leur mère qu'ils se réunissaient. Elle leur avait si bien inculqué leur fraternité que c'était comme si elle avait déposé en eux toute la chaleur de son amour[1]. » D'autres confidences font

1. Céleste Albaret, *Monsieur Proust*, *op. cit.*

comprendre qu'Adrien et Marcel avaient souvent de tumultueuses discussions, ce qui n'était pas le cas entre Adrien et Robert. Le rôle de Mme Proust fut toujours de cimenter ce qui menaçait de trahir de trop forts contrastes. Mais Céleste n'hésite pas à s'élever contre une jalousie possible chez Marcel : n'a-t-elle pas, comme Mme Proust, toujours eu envie de ne pas *voir* ni *savoir* ce qui pouvait encore compliquer le personnage tyrannique et capricieux de son maître adulé ?

Dans son roman *Notre cher Marcel est mort ce soir*, Henri Raczymow fait souvent allusion à cette relation singulière entre Céleste et Marcel. Il rapporte (ou imagine) des détails non dépourvus de cruauté de la part de Robert quand il prévient son frère que « dans toutes les gares où il est passé, il y a vu exposés les livres d'un auteur présenté sous la jaquette de la NRF dont d'ailleurs il ignorait jusqu'au nom et jamais les siens. » « Voilà qui n'arrangera guère les rapports de Marcel et de Gaston Gallimard, si telle est la vérité[1] », commente ironiquement l'auteur qui conclut : « Voilà qui est très gentil de la part de Robert. » Raczymow crée aussi un beau dialogue entre Céleste et Marcel où celui-ci insinue que le mot « fin » n'a pas le même sens pour tous – pour un écrivain que pour un médecin tel que Robert – peut-on deviner. Marcel, à Céleste : « Il ne s'agit pas de finir, Céleste. Il est facile de finir. Or,

1. Henri Raczymow, *Notre cher Marcel est mort ce soir*, Denoël, 2013, p. 51.

justement, on n'en finit jamais. C'est la mort qui, un jour, de l'extérieur, vient mettre un terme à l'œuvre qui, autrement, continuerait de proliférer. Il faudrait être éternel, Céleste. Non pour échapper à la mort, mais pour que son œuvre se continue, se poursuive, ne soit jamais achevée. »

L'inachevé ! Quelle dimension chère à l'imaginaire !

Le refus de la médecine

Alors que la mort s'approchait pas à pas, Marcel refuse d'être soigné par Robert, le beau médecin qui veille, généreux, efficace, à son chevet. Il préfère être malade car il est en train d'achever *La Recherche* et « l'intrusion » du frère le dérange comme autrefois, dans l'enfance. Reynaldo Hahn commente ce refus dans une lettre à Marcel à la fin d'octobre 1922 :

> Mon cher petit,
>
> Voici exactement ce qu'il [Robert] m'a dit : Marcel n'a pas quelque chose de grave. Il s'agit de pneumocoque, c'est-à-dire d'une chose qui se soigne et se guérit facilement. Encore faut-il le soigner et Marcel ne veut pas se laisser soigner. L'autre jour, je lui ai parlé trop en médecin et je sens bien que j'ai eu tort et que je l'ai agité. J'ai prononcé le nom de clinique, parce que je ne pensais qu'aux avantages d'une clinique pour la commodité des soins à donner, mais j'ai eu tort, et j'ai eu tort, aussi, de parler d'infirmière, mais que voulez-vous, cette brave Céleste *[sic]* est peut-être une très bonne fille, mais elle ne peut

> pas vraiment soigner un malade. En tout cas, je ne lui parlerai plus de clinique, ni de garde, ni de rien qui puisse l'agiter et je ne reviendrai pas avant qu'il me fasse appeler mais vous comprenez qu'il est très pénible pour moi de le voir refuser de se faire soigner[1]...

Il est possible que Marcel, si intuitif, entendait s'approcher la mort comme « la douce nuit qui marche » de Baudelaire. Imagine-t-on Marcel survivre à *La Recherche* ? *Se* survivre ? Accepter les portes qui s'ouvrent, se referment, les palpations médicales, les piqûres haïes, les ordonnances et toute autre discipline que celle de l'écriture ? Robert a beau expliquer à Reynaldo que « ce qui n'est pas dangereux peut le devenir », le virtuel du corps n'intéresse pas Marcel, persuadé comme il l'est de la supériorité de l'invisible. Céleste se charge du reste. Marcel n'est-il pas son propre médecin ?

À le palper, à l'examiner, Robert trouve qu'il n'y a pas de progrès, que Marcel « c'est toujours la même chose ». N'empêche que l'irruption de la mort progresse, que Marcel ne lutte plus. À se demander s'il ne s'est pas laissé mourir en même temps que son œuvre plutôt que de s'abandonner au corps médical. Beaucoup d'entre nous aimeraient dériver de la sorte, sans soins palliatifs parfois inefficaces, sans acharnement thérapeutique, le devoir accompli. Et c'est Céleste,

1. *Cf.* Diane de Margerie, *Relation fraternelle : relation ambiguë ? (Marcel et Robert Proust)*, Les Moments littéraires n° 31, 2014.

cette âme simple, limpide et dévouée qui sera le témoin des dernières heures.

Michel Schneider, dans *Maman,* insiste sur la liaison entre la mort et la mère. Il cite Proust : « Une étrangère a élu domicile dans mon cerveau. Elle allait et venait ; bientôt, d'après tout le train qu'elle menait, je connus ses habitudes. D'ailleurs, comme une locataire trop prévenante, elle tint à engager des rapports avec moi. Je fus surpris de voir qu'elle n'était pas belle. J'ai toujours cru que la mort l'était[1]. »

De qui s'agit-il ? De la mère ou de la mort ? Je dirai : les deux.

Une vision surgit qui rappelle étrangement le cliché de Mme Proust, corpulente, vêtue de noir, trônant entre ses deux fils. Et Céleste raconte combien Proust est terrifié : « N'éteignez pas, Céleste. Il y a dans la chambre une grosse femme en noir, horrible, je veux voir clair [...] mais il ne faut pas y toucher... » Est-ce la mort ou la mère ?

Comment ne pas penser au tableau de Carpaccio dans *La Recherche*, dans lequel l'écrivain avoue « combien cette femme aux yeux tristes, dans ses voiles noirs » le fait penser à sa mère ? *Proust fantôme*[2], intitule son essai Jérôme Prieur, et c'est sans doute une mère fantôme qui hante son fils à l'heure de sa mort. La mère, vêtue de noir, toujours en deuil,

1. Michel Schneider, *Maman*, Gallimard, 1999 ; Folio n° 4303, 2005.

2. Jérôme Prieur, *Proust fantôme*, édition revue et corrigée, Folio Gallimard, 2006.

grosse, très grosse comme Marcel a dû la voir enceinte de Robert.

Ainsi que je l'écrivais dans les *Moments littéraires*, le véritable témoignage sur les derniers moments de Marcel reste celui de Céleste, elle qui n'a presque pas dormi pendant les sept semaines de l'ultime combat. Corriger ses épreuves pour Gallimard était le seul but de Marcel qui dépassait de beaucoup le fait de prendre les médicaments ordonnés par le docteur Bize. « On achetait ce qui était prescrit, confesse Céleste, même si on ne s'en servait pas et que, pour finir, on le jetât. »

Proust refusait toute piqûre. La bronchite s'aggravant, le docteur Bize prévient Robert qui se précipite rue Hamelin. Céleste rapporte mot pour mot les derniers dialogues où, découragé, Robert menace le malade rétif devant ses soins : « Alors, il faudra te soigner malgré toi. » (Quoi ! Marcel serait dominé par le cadet qui se servirait de la médecine pour intervertir les rôles ?) Mais Robert insiste : « Il faut absolument que tu acceptes de te soigner. Je suis médecin et je suis ton frère. Ce que je te dis est pour ton bien et pour ton travail[1]. »

C'est alors que la révolte éclate chez Marcel comme si ces derniers jours rejoignaient les premières années où il protégeait encore la vie du cadet : « Comment tu voudrais m'imposer quelque chose ? » Robert lui suggère le nom d'une clinique mais Marcel refuse

1. Céleste Albaret, *op. cit.*, p. 415.

brutalement : « Je n'ai pas besoin de tes infirmières. Il n'y a que Céleste qui me comprenne. Je ne veux que Céleste. » Céleste contre Robert : étrange duel.

Alors, pour rassurer son frère, Robert affirme qu'à la clinique, on lui laissera Céleste : « Elle aura une chambre à côté de la tienne. Elle ne te quittera pas. » C'est là une intrusion insupportable pour Marcel. En quoi Robert a-t-il le droit de décider du sort de celle qui partage sa vie ? N'est-ce pas là un rappel des permissions de *La Recherche* quand le père laissait son épouse monter embrasser « le petit » dans sa chambre ? N'est-ce pas là, encore une fois, un épisode de cet odieux combat entre l'âme et le corps où la science veut prendre le pas sur le seul remède accepté par Marcel : la connivence entre la vie et la création ?

D'où le refus violent opposé à Robert qui, à travers les années, semble avoir gardé son rôle « d'intrus » : « Va-t'en ! je ne veux plus te voir. Je t'interdis de revenir si c'est pour m'imposer quelque chose… Chère Céleste, vous ne laisserez plus jamais entrer mon frère, ni le docteur Bize, ni personne. » Et Marcel a ce cri du cœur : « Je ne veux que vous ici… je veux faire ce que je veux jusqu'à la fin. »

Céleste note ce qui fait l'étonnant de cette mort : la lucidité de Marcel. Et, de fait, l'écrivain entend dominer la mort de son corps. C'est pourquoi il refuse d'être livré à Robert. Marcel veut rester l'aîné jusqu'à la fin. Lui dont toute l'œuvre célèbre l'inversion du temps, reste intraitable sur l'enfance : c'est Marcel l'aîné ; c'est la littérature qui doit régner sur la science intégrée dans son œuvre à lui, à travers sa connaissance du vocabulaire médical et ses métaphores.

Céleste précise qu'au long de son agonie Marcel n'a jamais parlé d'Adrien. Ni même de sa mère sauf pour affirmer qu'elle avait été l'infirmière admirable de ses premières années touchées par la maladie. Tout se passe comme si, au moment de mourir, c'est lui qui exigeait d'observer l'inévitable Antagoniste comme s'il voulait se saisir du mystère de la mort, de ce passage dans une autre dimension, et que Céleste était la seule à le laisser libre devant ce tête-à-tête ultime troublé par les médecins.

À la veille de sa mort, le 17 novembre, Robert repasse voir son frère et déconseille la sole commandée par lui. Puis il repart et Marcel prie Céleste de rester auprès de lui. Ce combat contre la science sera le dernier mais il y tient : « Si je passe cette nuit je prouverai aux médecins que je suis plus fort qu'eux. Mais il faut la passer. Croyez-vous que j'y arriverai ? » lui demande-t-il.

Malgré toutes les défenses faites à Céleste, celle-ci avait prévenu Bize, et Robert à travers sa femme. Bize se prépare à faire une piqûre – trahison suprême de Céleste – que Marcel subit avec horreur : « Céleste, ah, Céleste ! » provoquant chez elle un remords cruellement durable. Revenu, Robert l'assiste tandis qu'elle arrange les oreillers. Je laisse la parole à Céleste :

Robert : « Je te fatigue, mon cher petit Marcel…

Marcel : Oh, oui, mon cher Robert. »

Puis, le professeur Proust applique un peu d'oxygène. Il demande, penché sur son frère :

« Cela te fait du bien, mon petit Marcel ?

– Oui, Robert. »

Ainsi le nom ultime prononcé fut celui de son frère malgré les milliers de pages où il brille par son absence.

L'hommage de Robert à Marcel

Robert rendra un court et dense hommage à Marcel dans la NRF en 1923. Hommage qui ne prétend aucunement juger l'œuvre mais se concentre presque entièrement sur leur enfance commune, remontant le temps jusqu'à Combray, texte révélateur, intitulé *Marcel Proust intime* :

« Si haut que je puisse remonter le cours de mes souvenirs d'enfance vers cette période imprécise où se font les premières cristallisations de la mémoire, je retrouve constamment l'image de mon frère veillant sur moi avec une douceur infinie, enveloppante et pour ainsi dire maternelle. Et, chose curieuse, cette attendrissante image de cette première période de notre vie, je la retrouve presque toujours associée à celle de la campagne ensoleillée. C'est qu'à cette époque, au moment où nous pouvions bien avoir l'un et l'autre, lui cinq ans, moi trois ans, il n'avait pas encore été durement frappé dans sa santé, comme il le fut quelques années plus tard, ce qui le condamna à fuir tout ce qui était grand air et printemps.

Cette infinie douceur, et cette bonté de Marcel, caractérisée par un véritable besoin de se donner aux autres, de se dissocier en eux, en ont fait, en dehors de ses merveilleuses qualités d'intelligence, un être moral exceptionnel.

Il eut toujours pour moi l'âme fraternelle et bienveillante d'un aîné, mais en plus je sentais en lui comme la survivance de nos chers disparus et jusqu'à son dernier jour il est resté plus que le gardien de cette survivance morale ; il était tout mon passé ; toute ma jeunesse était enfermée dans son individualité.

La survivance de tout ce qui avait été était telle en lui que nous tous qui l'aimions, nous savions que nous pouvions l'y retrouver comme en un sanctuaire[1]. »

C'est avec émotion que je lis, dans ce témoignage, ce qui m'a toujours paru le lien entre les deux frères : « Il était tout mon passé… toute ma jeunesse était enfermée dans son individualité. » Et c'est avec émotion aussi, que Nathalie Mauriac et moi avons apporté le masque mortuaire de Robert au musée d'Illiers. N'était-ce pas la dernière fois qu'il rentrait au bercail ?

---

1. Robert Proust, *Marcel Proust intime*, NRF, 1923, p. 24-26.

Quelques repères

C'est donc à Robert Proust que reviendra le devoir de veiller sur l'œuvre posthume de Marcel. L'œuvre remplacera la vie. Il refuse de montrer le manuscrit original d'*Albertine disparue* réclamé par Gallimard et déclare s'être « interdit d'y faire la moindre modification ». Nathalie Mauriac-Dyer a suivi avec passion cette période où Robert devient Marcel, puisque c'est lui qui contrôle le texte à publier. Son livre retrace cette aventure littéraire dans *Robert Proust et la Nouvelle Revue Française* (1999).

Je note ici quelques dates concernant Robert Proust :

24 mai 1873 : naissance de Robert.

Bachelier ès lettres et ès sciences.
1893 : externe, lauréat.
1894 : interne, élève de Guyon.
1900 : docteur, médaille d'argent.

1904 : agrégé de chirurgie.

18 novembre 1922 : Mort de Marcel.
1923 : publication de *La Prisonnière*.
1925 : publication de *Albertine disparue*.
1927 : publication de *Le Temps retrouvé*.
1930-1935 : publication des cinq premiers volumes de la *Correspondance générale de Marcel Proust*.

Robert Proust est mort à Paris le 29 mai 1935.

Quelques œuvres
Thèse de doctorat : *De la prostatectomie périnéale totale*, Steinheil, 1900.
Chirurgie de l'appareil génital de la femme, Masson, 1904.
Pathologie chirurgicale générale, maladies générales des tissus, crâne et rachis, en coll. avec P. Lecène et L. Tixier, Masson, 1909.
Très nombreux articles dans les *Bulletins de l'Association française* pour l'étude du cancer, *Gynécologie et obstétrique*, *Archives médico-chirurgicales de l'appareil respiratoire*. Il fut codirecteur du *Journal de chirurgie*.

Sources principales de cet essai

Céleste Albaret, *Monsieur Proust*, souvenirs recueillis par Georges Belmont, Robert Laffont, 2001.

Serge Béhar, *L'Univers médical de Proust*, Cahiers Marcel Proust n° 1, Gallimard, 1970.

Philippe Berthier, *Saint-Loup*, De Fallois, 2015.

Edward Bizub, *Proust et le moi divisé*, Droz, 2006.

Colloque « Proust et la médecine », *La Gazette du CHU*, 1992.

Lucien Daudet, *Autour de soixante lettres de Marcel Proust*, NRF, Les Cahiers Marcel Proust, 1929.

Lorenza Foschini, *Le Manteau de Proust*, Quai Voltaire, 2012.

Nicolas Grimaldi, *L'Enfer proustien*, PUF, 2010.

Hommage à Marcel Proust, NRF, 1923.

Diane de Margerie, *Relation fraternelle : relation ambiguë ? Marcel et Robert Proust*, Les Moments littéraires n° 31, 2014.

Christian Péchenard, *Proust et son père*, Quai Voltaire, 1993 ; *Proust et Céleste*, La Table Ronde, 1996.

René Peter, *Une saison avec Marcel Proust*, Gallimard, « Souvenirs », 2005.

Marcel Plantevignes, *Avec Marcel Proust*, « Causeries, souvenirs sur Cabourg et le boulevard Haussmann », Librairie Nizet, 1966.

Robert Proust, *Marcel Proust intime*, NRF, 1923.

Jean-Yves Tadié, *Le Lac inconnu*, Gallimard, 2012.

Claude Vanderpooten, *Samuel Pozzi, Chirurgien et ami des femmes*, In Fine V & O Editions, 1992.

Remerciements

Toute mon amicale gratitude va à Gilbert Moreau qui m'a permis de puiser dans mon texte qu'il a publié dans ses *Moments littéraires*, et dont les précieux conseils m'ont accompagnée jusqu'à la rédaction finale de cet essai.

Je remercie aussi Michel Balzamo de m'avoir aidée à mettre au point certaines recherches et, comme toujours, Brigitte Thomas d'avoir bien voulu transférer mon écriture sur son ordinateur.

Crédits

Table des matières

Du même auteur
(suite)

Aux éditions Christian Pirot

Marcel Proust, essai, 1992
Autour de Gustave Moreau, essai, 1998

Aux éditions Mercure de France

Maintenant, essai autobiographique, 2001 (Folio n° 3955)
L'Étranglée, roman, 2005 (Folio n° 4759)
Passion de l'Énigme, essai, 2012

Aux éditions Pauvert

Isola, retour des Galápagos, récit, 2003

Aux éditions Philippe Rey

Noces d'encre, essais, 2007, prix de la critique
de l'Académie française
Mon éventail japonais, 2016

Aux éditions Grasset

Éclats d'insomnie, 2013, prix Cazes 2014

Aux éditions Arléa

De la grenouille au papillon, 2016

Prix Prince Pierre de Monaco pour l'ensemble de l'œuvre

Cet ouvrage a été mis en page par IGS-CP
à L'Isle-d'Espagnac (16)

Cet ouvrage a été achevé d'imprimer en juin 2016
dans les ateliers de Normandie Roto Impression s.a.s.
61250 Lonrai
N° d'édition : L.01ELJN000633.N001
N° d'impression : 1602366
Dépôt légal : septembre 2016

Imprimé en France